THE LANGUAGE GYM

THE LANGUAGE GYM

POLISH SENTENCE BUILDERS

A lexicogrammar approach

PRIMARY

PART ZERO

THE LANGUAGE GYM

About the authors

Simona Gravina has taught for 15 years, in schools in Italy and the UK, both in state and independent settings. She lives in Glasgow, Scotland. She is fluent in three languages and gets by in a few more. Simona is, besides a teacher, a mum, a bookworm, a passionate traveller and a fitness enthusiast. In the last couple of years she has been testing and implementing E.P.I. in one of the top Independent schools in Scotland, St Aloysius' College, where she is currently Modern Languages Curriculum Leader in the Junior School.

Stefano Pianigiani is a Language Development Leader, teaching Primary and Secondary pupils at Appleton Academy in Bradford, England. He is an ECT mentor and SCITT MFL tutor for Exceed Academies Trust. He is fluent in four languages, and has taught Spanish, Italian and French all the way from Primary to A Level. He has a wide cultural experience having studied and lived in Italy, Spain and England. Stefano has completed his MA in Education at Leeds Trinity University. He is an enthusiastic educator and fervent creator of resources who has fully embraced Dr Conti's teaching from its very origins.

Gianfranco Conti taught for 25 years at schools in Italy, the UK and in Kuala Lumpur, Malaysia. He has also been a university lecturer, holds a Master's degree in Applied Linguistics and a PhD in metacognitive strategies as applied to second language writing. He is now an author, a popular independent educational consultant and a professional development provider. He has written around 2,000 resources for the TES website, which have awarded him the Best Resources Contributor in 2015. He has co-authored the best-selling and influential book for world languages teachers, "The Language Teacher Toolkit", "Breaking the sound barrier: Teaching learners how to listen", in which he puts forth his Listening As Modelling methodology and "Memory: what every language teacher should know". Last but not least, Gianfranco has created the instructional approach known as E.P.I. (Extensive Processing Instruction).

Dylan Viñales has taught for 15 years, in schools in Bath, Beijing and Kuala Lumpur in state, independent and international settings. He lives in Kuala Lumpur. He is fluent in five languages, and gets by in several more. Dylan is, besides a teacher, a professional development provider, specialising in E.P.I., metacognition, teaching languages through music (especially ukulele) and cognitive science. In the last five years, together with Dr Conti, he has driven the implementation of E.P.I. in one of the top international schools in the world: Garden International School. Dylan authors an influential blog on modern language pedagogy in which he supports the teaching of languages through E.P.I.

Magdalena Byra is an experienced educator and globetrotting language enthusiast with 14 years of teaching experience in Poland, Colombia, Mexico, and presently in Kuala Lumpur, Malaysia. Fluent in three languages, Magdalena specialises in bilingual education and currently serves as an English as an Additional Language Specialist. Beyond her role as an educator, Magdalena is driven by a fervent passion for promoting Polish language and culture. She actively seeks opportunities to showcase the richness of Polish traditions and heritage, fostering cross-cultural connections and appreciation among her students.

DEDICATION

For my daughter Giulia
-Simona

For my family & Deirdre Jones
-Stefano

For Catrina
-Gianfranco

For Ariella & Leonard
-Dylan

For Ela, Sławo, Justyna & Omar
-Magda

Acknowledgements

Creating a book is a time-consuming yet rewarding endeavour.

Magdalena would like to extend her heartfelt gratitude to her parents, Ela and Sławo, for their unwavering encouragement and constructive feedback throughout the entire process of creating the content of this book. Furthermore, she would like to express her sincere appreciation to her most esteemed Polish student, Omar. As the first person to test the book, his keen insights and thoughtful feedback have been invaluable in shaping the book and ensuring its utmost accuracy.

We would like to thank our editors, Agnieska Głowacka, Roksana Boczar and Natasha Viñales, whose tireless work, meticulous proofreading and insightful editing have greatly contributed to the quality of this book. They are truly talented and accomplished professionals who consistently operate at the highest level, elevating the content at every stage of the process.

Our sincere gratitude goes to everyone involved in the recording of the Listening audio files: Sebastian Probola, Natasha Viñales and Francesca Marcinkiewicz. Your dedication and commitment to delivering high-quality recordings have greatly enhanced the overall learning experience for our students. We are truly grateful for your contributions, as they have played a significant role in making this book an invaluable resource for Polish language acquisition.

We are also grateful to Amy Nic an Rí, whose insightful feedback led to an important refinement in our phonics section through the addition of a well-placed frog, improving clarity and accuracy for learners.

Thanks to Flaticon.com for providing access to a limitless library of engaging icons, clipart and images which we have used to make this book more user-friendly than any other Sentence Builders predecessor, with a view to be as engaging as possible for primary level students.

Finally, our gratitude to the MFL Twitterati for their ongoing support of E.P.I. and the Sentence Builders book series.

Dziękujemy bardzo,

Simona, Stefano, Gianfranco, Dylan & Magda

Introduction

Hello and welcome to the first Sentence Builders workbook designed for Primary aged children, designed to be an accompaniment to a Spanish Extensive Processing Instruction course. The book has come about out of necessity, because such a resource did not previously exist.

How to use this book if you have bought into our E.P.I. approach

This book was originally designed as a resource to use in conjunction with our E.P.I. approach and teaching strategies. Our course favours flooding comprehensible input, organising content by communicative functions and related constructions, and a big focus on reading and listening as modelling. The aim of this book is to empower the beginner learner with linguistic tools - high-frequency structures and vocabulary - useful for real-life communication. Since, in a typical E.P.I. unit of work, aural and oral work play a huge role, this book should not be viewed as the ultimate E.P.I. coursebook, but rather as a **useful resource** to **complement** your Listening-As-Modelling and Speaking activities.

Sentence Builders – Online Versions

Please note that all these sentence builders will be available in bilingual and Spanish only versions on the SentenceBuilders.com website

Please note that SentenceBuilders.com is only accessible via a paid subscription.

How to use this book if you don't know or have NOT bought into our approach

Alternatively, you may use this book to dip in and out of as a source of printable material for your lessons. Whilst our curriculum is driven by communicative functions rather than topics, we have deliberately embedded the target constructions in topics which are popular with teachers and commonly found in published coursebooks.

If you would like to learn about E.P.I. you could read one of the authors' blogs. The definitive guide is Dr Conti's "Patterns First – How I Teach Lexicogrammar" which can be found on his blog (www.gianfrancoconti.com). There are also blogs on Dylan's wordpress site (mrvinalesmfl.wordpress.com) such as "Using sentence builders to reduce (everyone's) workload and create more fluent linguists" which can be read to get teaching ideas and to learn how to structure a course, through all the stages of E.P.I.

Examples of E.P.I. activities and games to play in class, based on MARS EARS sequence, can be found in Simona's padlet (https://en-gb.padlet.com/simograv/svi55fluxeolisi9) "MFL Teaching based on E.P.I. approach, Videos and blogs, Sample activities from Modelling to Spontaneity". These can be used to model tasks.

The book "Breaking the Sound Barrier: Teaching Learners how to Listen" by Gianfranco Conti and Steve Smith, provides a detailed description of the approach and of the listening and speaking activities you can use in synergy with the present book.

The structure of the book

This book contains 10 units which concern themselves with a specific communicative function, such as 'I can say my name and age', 'I can talk about the weather', 'I can say what's in my town'. You can find a note of each communicative function in the Table of Contents. Each unit includes:

- a sentence builder modelling the target constructions, introduced by questions to guide communication;
- a set of Listening-As-Modelling activities to train decoding skills, sound awareness, speech-segmentation, lexical-retrieval and parsing skills;
- a set of reading tasks focusing on both the meaning and structural levels of the text;
- a set of translation tasks aimed at consolidation through retrieval practice;
- a set of writing tasks targeting essential writing micro-skills such as spelling, functional and positional processing, editing and communication of meaning.

Each sentence builder at the beginning of a unit contains one or more constructions which have been selected with real-life communication in mind. Each unit is built around that construction but not solely on it. Based on the principle that each E.P.I instructional sequence must move from modelling to production in a seamless and organic way, each unit expands on the material in each sentence builder by embedding it in texts and graded tasks which contain both familiar and unfamiliar (but comprehensible and learnable) vocabulary and structures. Through lots of careful recycling and thorough and extensive processing of the input, by the end of each unit the student has many opportunities to encounter and process the new vocabulary and patterns with material from the previous units.

Alongside the units you will find: No Snakes No Ladders tasks created to practise speaking skills with an engaging and fun board game that can be photocopied and played in groups of 3 students.

Important *caveat*

1) This is a '**no frills**' book. This means that there are a limited number of illustrations. This is because we want every single little thing in this book to be useful. We have given serious thought to both **recycling** and **interleaving**, in order to allow for key constructions, words and grammar items to be revisited regularly so as to enhance exponentially their retention.

2) **Listening** as modelling is an essential part of E.P.I. The listening files for each listening unit can be found in the AUDIO section on Language-Gym.com - a subscription to the website is **not required** to access these.

3) **All content** in this booklet matches the content on the **Language Gym** website. For best results, we recommend a mixture of communicative, retrieval practice games, combined with Language Gym games and workouts, and then this booklet as the follow-up, either in class or for homework.

4) This booklet is suitable for **beginner** learners. This equates to a **CEFR A1-A2** level, or a beginner **KS2 (or a less strong KS3)** class. You do not need to start at the beginning, although you may want to dip in to certain units for revision/recycling. You do not need to follow the booklet in order, although many of you will, and if you do, you will benefit from the specific recycling/interleaving strategies. Either way, all topics are repeated frequently throughout the book.

We do hope that you and your students will find this book useful and enjoyable.

Table of contents

UNIT 1
Mam na imię

In this unit you will learn how to say in Polish:

- ✓ Hello and goodbye
- ✓ What your name is
- ✓ How you are feeling

UNIT 1. Mam na imię

Cześć! Jak masz na imię? *Hi! What's your name?*

Cześć! *Hi!*		**Ania.**	**Do widzenia!** *Goodbye!*
Dzień dobry! *Good morning!*	**Mam na imię** *My name is*	**Antek.** **Maja.** **Julia.**	**Dobranoc!** *Good night!*
Dobry wieczór! *Good evening!*	**Jestem** *I am*	**Hania.** **Jakub.**	**Do zobaczenia!** *See you!*

Jak się masz? *How are you?*	**Świetnie,** *Great,*	😄	
	Bardzo dobrze, *Very good,*	😁	**dziękuję.** *thank you.*
	Dobrze, *Good,*	🙂	**A ty?** *And you?*
	Tak sobie, *So so,*	😐	
	Kiepsko, *Not so well,*	🙁	
	Źle, *Bad,*	🙁	

Unit 1. I can greet and say how I am: LISTENING

1. Listen and tick the word you hear 🎧

	1	2	3
e.g.	*dzień dobry* ✓	*cześć*	*dobry wieczór*
a.	świetnie	źle	dobrze
b.	jestem	mam	masz
c.	kiepsko	źle	tak sobie
d.	bardzo	dziękuję	cześć
e.	do widzenia	dobranoc	do zobaczenia

2. Listen and complete the missing vowels

a. Jest_m Ania.

b. Dobry wiecz_r.

c. Jak m_sz n_ imię?

d. Dobran_c.

e. Jak si_ masz?

f. Św_etnie.

g. Do z_baczenia.

h. Cześć, mam na im_ę Hania.

i. Bardz_ dobrze.

j. Dzi_ń dobry.

k. Tak s_bie.

l. Ki_psko.

m. Dzi_kuję, a t_?

n. Do widz_nia.

a	ą	e	ę	i	o	ó	u	y

3. Complete with the missing syllables in the box below

a. Dzień _ _bry

b. Do widze_ _ _

c. _ _ _ _ _sko

d. Dobry _ _ _ _czór

e. _ _ _dzo dobrze

f. Dobra_ _ _

g. Dzięku_ _

h. Mam na i_ _ _ Julia

i. Do zo_ _czenia

j. Świet_ _ _

| do | bar | kiep | ję | wie | nia | noc | mię | nie | ba |

4. Fill in the grid with the correct information in English

	Greeting	Feeling
e.g. *Olek*	*cześć*	*świetnie*
a. Pola		
b. Jakub		
c. Jan		
d. Zuzia		
e. Hania		

5. Spot the Intruder

Identify and underline the word in each sentence the speaker is NOT saying

> *e.g.* **Mam** na *imię Kacper* <u>cześć</u>.

a. Jak masz na imię? Nie mam na imię Pola.

b. Dzień dobry! Jak się masz? Dziękuję.

c. Dzień dobry dobrze, mam na imię Zuzia.

d. Cześć Olek dobranoc, jak się masz?

e. Cześć, mam na imię Hela. Jak masz jestem na imię?

6. Spelling Challenge
Listen and complete the missing letter

a.	cz_ść	**g.**	dzię_uję
b.	i_ię	**h.**	do_rze
c.	dzi_ń do_ry	**i.**	do widze_ia
d.	dobra_oc	**j.**	do zo_aczenia
e.	świe_nie	**k.**	ź_e
f.	kie_sko	**l.**	ba_dzo

a. CześćMamnaimięPola.

b. DzieńdobryMamnaimięOliwier.

c. CześćJaksięmasz?

d. DobrywieczórJaksięmasz?

e. CześćMamnaimięJuliaJakmasznaimię?

f. BardzodobrzedziękujęAty?

8. Listen and tick one option for each sentence ✓

		1	2	3
a.	Mam na imię	Julia	Jakub	Jan
b.	Jak się masz?	Bardzo dobrze	Świetnie	Kiepsko
c.	Dobranoc	Do widzenia	Dzień dobry	Cześć
d.	Cześć	Dzień dobry	Ile masz lat?	Jak masz na imię?

Unit 1. I can greet and say how I am: VOCAB BUILDING

1. Match Up

1. dobrze   a. not so well
2. kiepsko   b. hi
3. jestem   c. good
4. bardzo dobrze   d. see you
5. dziękuję   e. great
6. dobranoc   f. I am
7. świetnie   g. very good
8. do zobaczenia   h. good night
9. cześć   i. thank you
10. dzień dobry   j. good morning

1.	2.	3.	4.	5.	6.	7.	8.	9.	10.

2. Broken Words

a. tak s________   so so

b. świ__________   great

c. ki___________   not so well

d. do___________   good

e. dz____ dobry   good morning

f. do w_________   goodbye

g. dz___________   thank you

h. je___________   I am

i. b______ d_____   very good

j. i____________   name

k. cz___________   hi

3. Complete the sentences with the missing words below

a. Cześć, jak _________ na imię?   Hi. What is your name?

b. Mam _____ imię Ela.   My name is Ela.

c. Dzień __________, jak się masz?   Good morning, how are you?

d. Bardzo dobrze, _________. A ty?   Very good, thanks. And you?

e. _______, jak się masz?   Hi, what is your name?

f. Cześć, _________ na imię Adam.   Hi, my name is Adam.

g. Do _______________.   Goodbye.

h. Dobry wieczór. _________Ania.   Good evening. I am Ania.

mam	jestem	na	dziękuję	masz	cześć	dobry	widzenia

Unit 1. I can greet and say how I am: READING

1. Read the sentences and complete the grid below in English

	Name	Feeling
a.	Szymon	
b.		
c.		
d.		

Unit 1. I can greet and say how I am: WRITING 

1. Spelling

a. Ja_ si_ ma_ _?   *How are you?*

b. Św_ _tn_ _, dzięk_ _ _.   *Great, thank you.*

c. Kie_ _ _ _ _.   *Not so well.*

d. J_ _ ma_ _ n_ im_ _?   *What's your name?*

e. M_m na i_i_ Ania.   *My name is Ania.*

f. Dzi_ _ do_ _ _.   *Good morning.*

g. D_ zo_acz_ _ _ _.   *See you.*

2. Anagrams

a. śćeCz, akj sęi msza   *Hi, how are you?*

— — — — — — — — — — — — — — — — —

b. zieDń brdoy   *Good morning.*

— — — — — — — — — —

c. Jka msza an ięmi   *What's your name?*

— — — — — — — — — — — — — —

d. aMm an męi lekO   *My name is Olek.*

— — — — — — — — — — — —

e. ietnewiŚ, uęijękzd   *Great, thank you.*

— — — — — — — — — — — — — —

3. Gapped Translation

a. Cześć! Jak masz na imię?

Hi! What is _________ _________?

b. Mam na imię Maja. Jak się masz?

My _________ is Maja. How _________ _________?

c. Dzień dobry! Jestem Jakub.

Good _________! _________ Jakub.

d. Bardzo dobrze. Do zobaczenia.

Very _________. _________ _________.

4. Sentence Puzzle
Put the words in each sentence in the correct order

a. dobry, imię na mam Dzień Olek. *Good morning, my name is Olek.*

____

b. się Kiepsko. masz? Jak   *How are you? Not so well.*

____

c. na masz Jak imię?   *What's your name?*

____

d. jestem Cześć, Klara.   *Hello, I am Klara.*

____

UNIT 1 – I can greet and say how I am

LISTENING

1. Listen and tick the word you hear

a. 3 - dobrze   b. 3 - masz   c. 1 - kiepsko   d. 2 - dziękuję   e. 1 - do widzenia

2. Listen and complete the missing vowels

a. jestem	b. wieczór	c. masz na	d. dobranoc	e. się
f. świetnie	g. do zobaczenia	h. imię	i. bardzo	j. dzień
k. tak sobie	l. kiepsko	m. dziękuję, a ty	n. widzenia	

3. Complete with the missing syllables

a. Dzień **do**bry	b. Do wi**dze**nia	c. **Kiep**sko	d. Dobry **wieczór**
e. **Bar**dzo dobrze	f. Dobra**noc**	g. Dzięku**ję**	h. Mam na **imię** Julia.
i. Do zo**ba**czenia	j. Świet**nie**		

4. Fill in the grid with the correct information in English

a. Dzień dobry / kiepsko   b. Cześć / dobrze   c. Cześć / bardzo dobrze

d. Dobry wieczór / tak sobie   e. Dzień dobry / źle

5. Spot the intruder

Identify and underline the word in each sentence the speaker is NOT saying

a. Jak masz na imię? <u>Nie</u> mam na imię Pola.   **nie**
b. Dzień dobry! Jak się masz? <u>Dziękuję</u>.   **dziękuję**
c. Dzień dobry <u>dobrze</u>, mam na imię Zuzia.   **dobrze**
d. Cześć Olek <u>dobranoc</u>, jak się masz?   **dobranoc**
e. Cześć, mam na imię Hela. Jak masz <u>jestem</u> na imię?   **jestem**

6. Spelling challenge. Listen and complete the Polish words with the missing letter

a. cześć	b. imię	c. dzień dobry	d. dobranoc	e. świetnie
f. kiepsko	g. dziękuję	h. dobrze	i. do widzenia	j. do zobaczenia
k. źle	l. bardzo			

7. Break the flow

a. Cześć. Mam na imię Pola.   b. Dzień dobry. Mam na imię Oliwier.

c. Cześć. Jak się masz?   d. Dobry wieczór. Jak się masz?

e. Cześć. Mam na imię Julia. Jak masz na imię?   f. Bardzo dobrze. Dziękuję, a ty?

8. Listen and tick one option for each sentence

a. 2- Jakub   b. 3- Kiepsko   c. 1- Do widzenia   d. 3- Jak masz na imię?

VOCABULARY BUILDING

1. Match Up

1. c   2. a   3. f   4. g   5. i   6. h   7. e   8. d   9. b   10. j

2. Broken Words

a. tak **so**bie	b. świetnie	c. kiepsko	d. do**brze**	e. dzień dobry	f. do **widzenia**
g. dzięku**ję**	h. je**stem**	i. bardzo dobrze	j. imię	k. cześć	

3. Complete the sentences with the missing words below

a. Cześć, jak **masz** na imię?   b. Mam **na** imię Ela.   c. Dzień **dobry**, jak się masz?

d. Bardzo dobrze. **Dziękuję**, a ty?   e. **Cześć**, jak się masz?   f. Cześć, **mam** na imię Adam.

g. Do **widzenia**.   f. Dobry wieczór, **jestem** Ania.

READING

1. Read the sentences and complete the grid below in English

a. Szymon/ bardzo dobrze   b. Maja/ świetnie   c. Hania/ tak sobie   d. Robert/ dobrze

WRITING

1. Spelling

a. Jak się masz?   b. Świetnie, dziękuję.   c. Kiepsko   d. Jak masz na imię?

e. Mam na imię Ania.   f. Dzień dobry   g. Do zobaczenia

2. Anagrams

a. Cześć, jak się masz?   b. Dzień dobry   c. Jak masz na imię?   d. Mam na imię Olek.

e. Świetnie, dziękuję.

3. Gapped translation

a. Hi! What is <u>your name</u>?   b. My <u>name</u> is Maja. How <u>are you</u>?   c. Good <u>morning</u>! <u>I am</u> Jakub.

d. Very <u>good</u>. <u>See you</u>.

4. Sentence puzzle. Put the words in each sentence in the correct order

a. Dzień dobry, mam na imię Olek.   b. Jak się masz? Kiepsko.   c. Jak masz na imię?

d. Cześć, jestem Klara.

UNIT 2
Phonics

In this unit you will learn to:

- ✓ say Polish sounds

You will revisit:

- ✓ saying hello and your name

UNIT 2 PHONICS
I can hear and pronounce POLISH sounds

Listen and repeat the sounds.

A a	Ania		*Ania*
Ą ą	pająk		*spider*
B b	babcia		*grandma*
C c	co		*what*
Ć ć	pięć		*five*
D d	długopis		*pen*
E e	Ela		*Ela*
Ę ę	imię		*name*
F f	fioletowy		*purple*
G g	gumka		*rubber*
H h	Hania		*Hania*
I i	ile?		*how many?*
J j	jeden		*one*
K k	kura		hen

L l	lata	 years
Ł ł	mały	small
M m	mama	mum
N n	niebieski	blue
Ń ń	koń	horse
O o	ołówek	pencil
Ó ó	wieczór	evening
P p	Polska	Poland
R r	rok	year
S s	stolik	table
Ś ś	świetnie	great
T t	temperówka	sharpener
U u	urodziny	birthday
W w	wujek	uncle
Y y	ty	you
Z z	zeszyt	notebook
Ź ź	źle	bad
Ż ż	żaba	frog

1. Listen and tick the letter sound you hear  ✓

1.	C	G	Z
2.	F	S	H
3.	L	Ł	J
4.	Ń	N	M
5.	Ą	E	A
6.	K	C	S
7.	S	Z	Ż
8.	U	B	W
9.	I	J	E

2. Fill in the gaps: Jak się pisze twoje imię? *How do you spell your name?*

a. K l a __ a

b. F i l __ p

c. L e __ a

d. __ a n

e. O l i __ i a

f. __ a k u b

g. M a __ a

h. F r a n e __

i. P __ l a

j. K a __ p e r

3. Digraphs and tricky sounds. Listen and repeat the words.

chomik	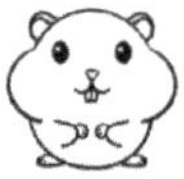	Hania	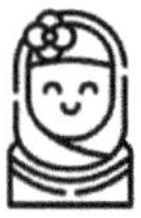
dobrze	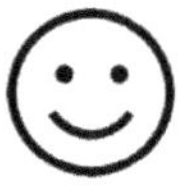	książka	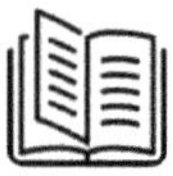
do widzenia	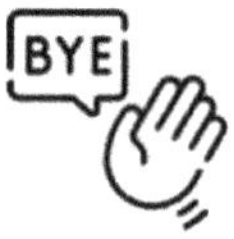	dziewięć	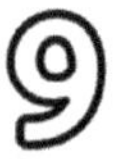
urodziny	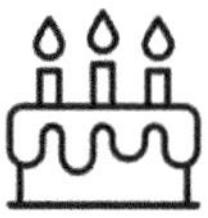	piórnik	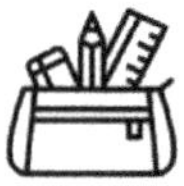
dzień	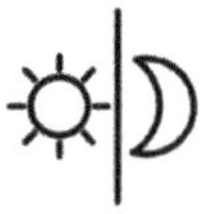	niebieski	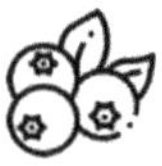
świetnie	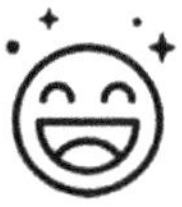	siostra	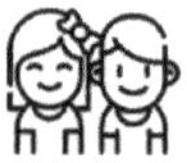
pięć	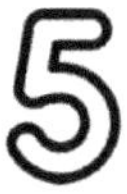	ciocia	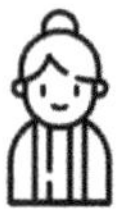
źle	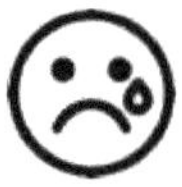	zielony	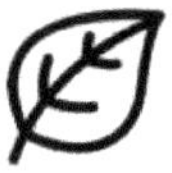

4. Listen and tick the sound you hear 

1.	cz	sz	dz
2.	ś	ć	ń
3.	ź	s	sz
4.	ń	n	m
5.	ą	e	a
6.	ś	s	c
7.	s	z	rz
8.	b	ch	j

5. Listen and circle the sounds you hear then write the word

e.g. c s z (e) ś (ć) ( )  ( )

a. t d z y i e ń _ _ _ _ _

b. i y m i ę l _ _ _ _

c. w y i e c h z ó r _ _ _ _ _ _ _

d. d o u b s r z e _ _ _ _ _ _

e. d o w i c d z e n i a _ _ _ _ _ _ _ _ _ _

6. Listen and choose the correct spelling

	1	2
a.	dzień dobra	dzień dobry
b.	jestem	jestam
c.	dobry wieczór	dobra wieczór
d.	świetnie	zwietnie
e.	dobrza	dobrze
f.	dobrynoc	dobranoc
g.	cześć	sheść
h.	dziękuję	dziękuyę
i.	do widzenia	do wiczenia
j.	bardzo	barczo

7. Listen and complete the missing digraphs

a.	wie_ _ór		e.	dob_ _e	
b.	_ _ień		f.	_ _omik	
c.	_ _eść		g.	do wi_ _enia	
d.	_ _iękuję		h.	_ _eść	

8. Listen and write the names being spelled out

1. _ _ _ _ _ _

2. _ _ _ _ _ _ _

3. _ _ _ _ _ _

4. _ _ _ _

5. _ _ _ _ _ _

6. _ _ _ _ _ _

7. _ _ _ _ _ _ _

8. _ _ _ _ _ _ _

UNIT 2 PHONICS

1. Listen and tick the letter sound you hear

1. G   2. H   3. Ł   4. Ń   5. Ą   6. K   7. Ż   8. W   9. J

2. Fill in the gaps. Jak się pisze twoje imię? *How do you spell your name?*

a. Klara   b. Filip   c. Lena   d. Jan   e. Oliwia
f. Jakub   g. Maja   h. Fran**ek**   i. Pola   j. Ka**c**per

4. Listen and tick the sound you hear

1. dz   2. ć   3. sz   4. n   5. ą   6. c   7. rz   8. ch

5. **Listen and circle the sounds you hear then write the word:**

a. dzień   b. imię   c. wieczór   d. dobrze   e. do widzenia

6. Listen and choose the correct spelling

a. dzień dobry   b. jestem   c. dobry wieczór   d. świetnie   e. dobrze
f. dobranoc   g. cześć   h. dziękuję   i. do widzenia   j. bardzo

7. Listen and complete the missing diagraphs

a. wie**cz**ór   b. **dzi**eń   c. **cze**ść   d. **dzi**ękuję
e. dob**rze**   f. **ch**omik   g. do wi**dz**enia   h. **sze**ść

8. Listen and write the names being spelled out:

1. Klara   2. Franek   3. Jan   4. Zuzia
5. Julia   6. Antek   7. Oliwia   8. Szymon

UNIT 3
Ile masz lat?

In this unit you will learn how to say in Polish:

- ✓ How old you are
- ✓ Numbers 1 to 12

You will revisit:
- ✓ Saying hello and your name

UNIT 3. Ile masz lat?
I can say my age

> **Jak masz na imię?** *What's your name?*
> **Ile masz lat?** *How old are you?*

| Cześć!
Hello!

Dzień dobry!
Good morning! | Mam na imię
My name is

Jestem
I am | Antek
Maja
Julia
Hania
Jakub
Ania
Franek
Szymon
Lena
Filip
Olek
Jan
Pola
Amelia
Kacper
Zuzia
Klara
Oliwia | i
and | mam
*I have** | jeden rok** *1*

dwa 2
trzy 3
cztery 4

pięć 5
sześć 6
siedem 7
osiem 8
dziewięć 9
dziesięć 10
jedenaście 11
dwanaście 12 | lata.
years.

lat.
years. |

Author's note: * *In Polish, the verb "to have" is used to express age. This means that instead of saying "I am ten years old," we say "mam dziesięć lat," which literally translates to "I have ten years."*

*** "Rok" literally translates to "one year," so we use "mam rok" to say "I am 1 year old". In most other cases, "one" is "jeden".*

1. Listen and complete the missing vowels

a. j_st_m

b. m_m n_ _m_ę

c. sz_ść

d. p_ęć

e. czt_ry

f. l_t

g. dw_n_ście

h. j_d_naście

i. dz_esi_ć

j. _siem

a   e   ę   i   o   ó   u   y

2. Break the flow: draw a line between words

a. CześćMamnaimięAniaimamdziesięćlat.

b. DzieńdobryMamnaimięKlara.

c. CześćMamnaimięFilipMamosiemlat.

d. DobrywieczórJakmasznaimię?

e. CześćMamnaimięJakubimamdwanaścielat.

f. Ilemaszlat?Mamsiedemlat.

3. Listen and tick one option for each sentence  

		1	2	3
a.	**Jestem**	Julia	Jakub	Jan
b.	**Mam**	jedenaście lat	osiem lat	cztery lata
c.	**Mam**	dziesięć lat	dwanaście lat	dziewięć lat
d.	**Cześć**	Dzień dobry	Ile masz lat?	Jak masz na imię?

4. Complete with the missing syllables in the box below

a. Jak masz na i____?

b. Mam ____denaście lat.

c. Mam _____sięć lat.

d. Dzień __bry.

e. Cześć, je__ Ola.

f. Mam czte__ lata.

g. Mam ____dem lat.

h. Mam dwana_____ lat.

i. Jestem Oliwia i mam trzy__ście lat.

j. Mam dzie_____ lat.

stem	dzie	ście	do	mię	sie	je	ry	więć	na

5. Fill in the grid with the correct information 

	Name	Age (Number)
a.		
b.		
c.		
d.		

6. Faulty Echo

Underline the wrong word

e.g. Mam sześć lat.

a. Mam dziesięć lat.

b. Cześć, mam dwanaście lat.

c. Dzień dobry, mam na imię Lena.

d. Cześć, mam jedenaście lat.

e. Mam na imię Jan i mam osiem lat.

f. Mam na imię Maja i mam siedem lat.

g. Ile masz lat?

h. Jestem Julia.

7. Track the sounds

Listen and write down how many times you hear the sound

1.	a	
2.	ą	
3.	e	
4.	ę	
5.	i	
6.	o	
7.	u ó	
8.	y	

8. Spot the Intruder

Identify and underline the word in each sentence the speaker is NOT saying

e.g. Mam na imię Kacper. <u>cześć</u>.

a. Jak masz na imię? Nie mam na imię Pola.

b. Ile masz lat? Mam trzy sześć lat.

c. Dzień dobry, mam na imię lat Zuzia.

d. Cześć Olek, jak ile masz lat?

e. Cześć, dwa mam na imię Hela i mam dziesięć lat.

9. Spelling Challenge (1-12)
Listen and complete the Polish words with the missing letter.

a.	dw_	g.	o_iem
b.	je_en	h.	trz_
c.	sz_ść	i.	cz_ery
d.	dzie_ięć	j.	sie_em
e.	p_ęć	k.	dwa_aście
f.	dzies_ęć	l.	jede_aście

10. Listen and circle the correct number

e.g. *Ile masz lat? Mam dziewięć lat.*

e.g.	7	8	9
a.	6	7	8
b.	10	3	2
c.	9	12	11
d.	4	5	1
e.	12	6	4

Unit 3. I can say my age: VOCABULARY BUILDING

1. Match Up

1. mam na imię
2. dziesięć
3. trzy
4. cztery
5. dwa
6. trzynaście
7. jedenaście
8. lat
9. pięć
10. siedem

a. ten
b. four
c. two
d. five
e. my name is
f. seven
g. three
h. thirteen
i. years
j. eleven

1	
2	
3	
4	
5	
6	
7	
8	
9	
10	

2. Broken Words

a. ma__ — *I have*
b. os____ — *eight*
c. sze____ — *six*
d. l____ — *years*
e. i______ — *name*
f. dwa_____ — *twelve*
g. jed____ — *one*
h. sie____ — *seven*
i. dziew____ — *nine*
j. dzie_____ — *ten*

3. Complete the sentences with the missing words below

a. Mam ______________ lat. — *I am seven years old.*
b. ________ Ela. — *I am Ela.*
c. Mam __________ lat. — *I am eleven years old.*
d. Jak _____ na imię? — *What is your name?*
e. Ile masz _______? — *How old are you?*
f. ________, mam na imię Adam. — *Hello, my name is Adam.*
g. Jestem Oliwier i mam trzy ______. — *I am Oliwier and I am 3.*
h. Mam na imię Ania i ________ trzynaście lat. — *My name is Ania and I am 13.*

masz	jestem	mam	siedem	lat	cześć	jedenaście	lata

Use the words in the building blocks to make a correct Polish sentence

a. 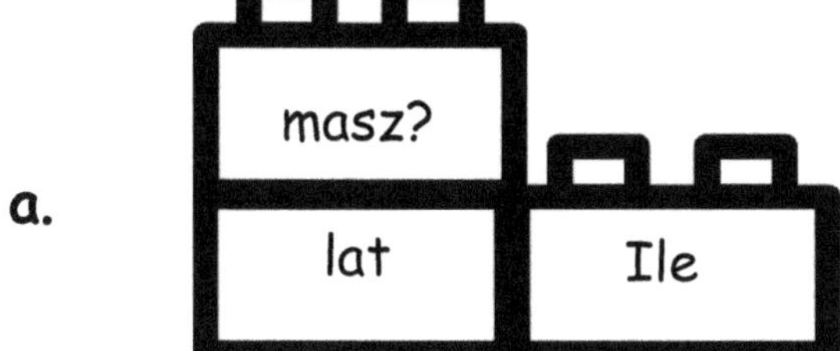

b. 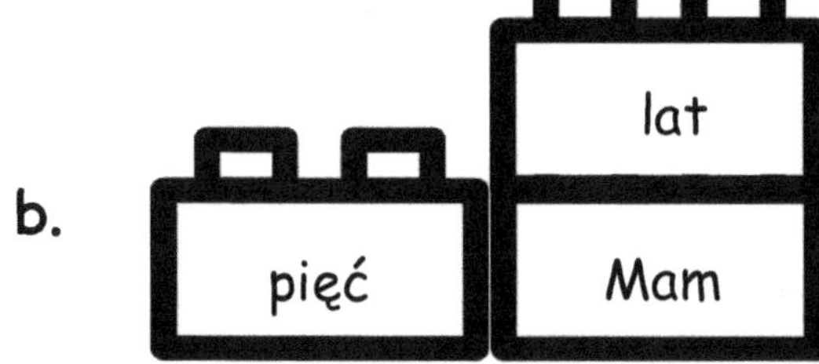

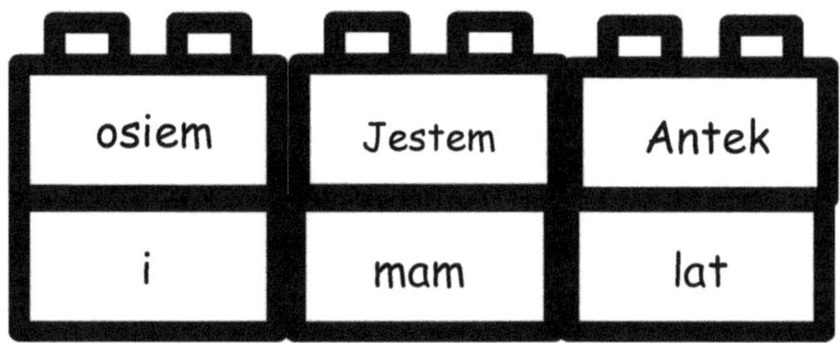

c. _______________________________________

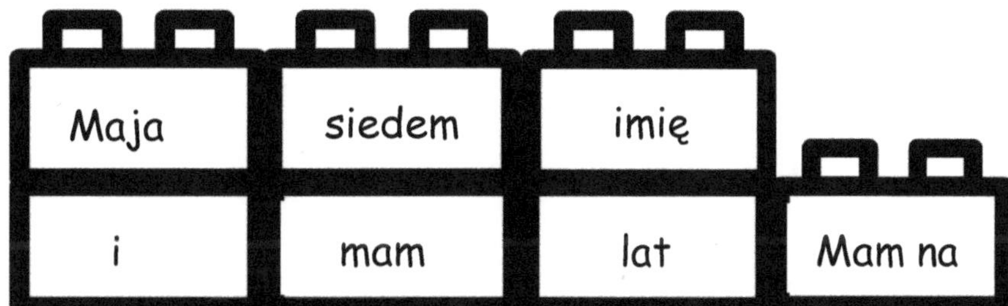

d. _______________________________________

Unit 3. I can say my age: READING

1. Sylla-Bees

Translate the phrases putting the cells in the correct order

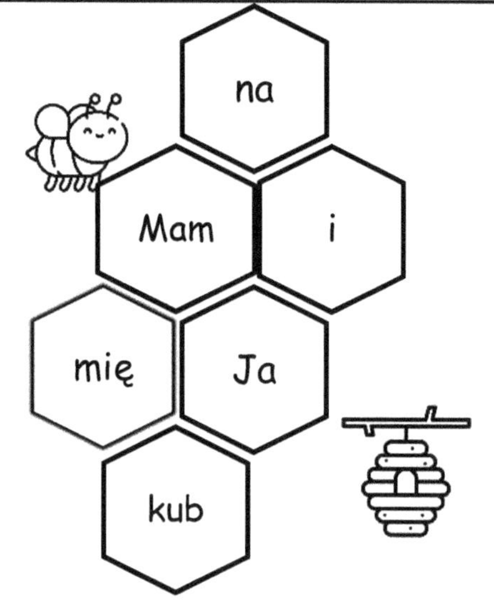

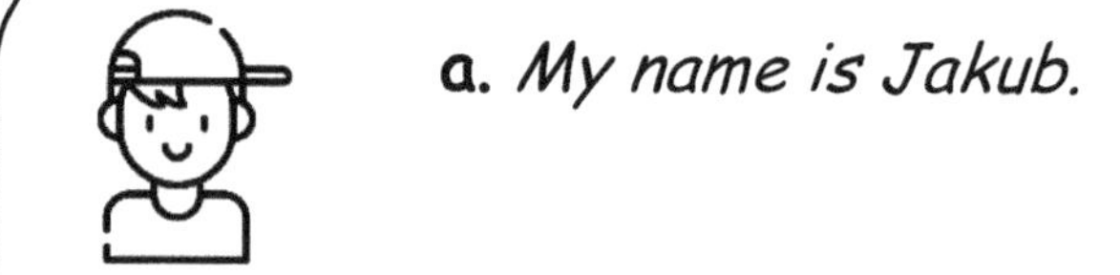

a. *My name is Jakub.*

— — — — — — — — — —

— — — — — .

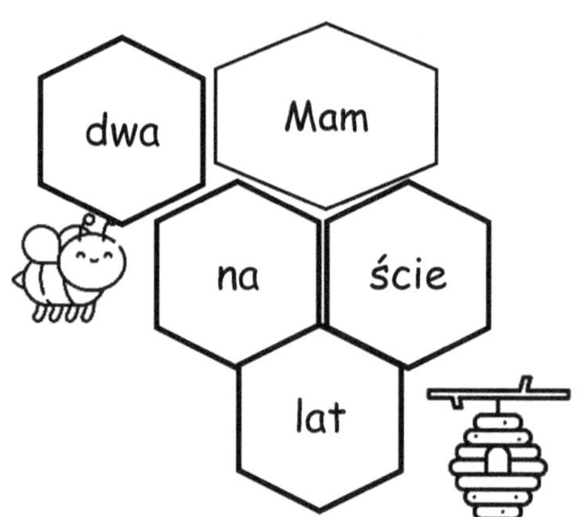

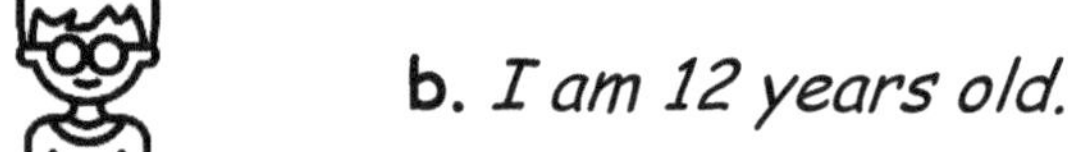

b. *I am 12 years old.*

— — — — — — — — — — — — — —

— — — — .

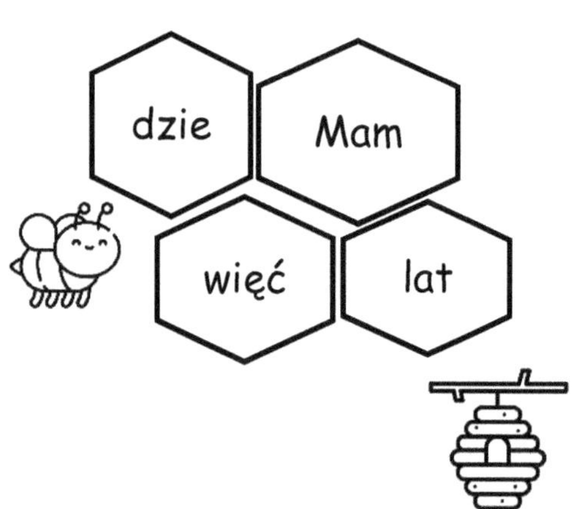

c. *I am 9 years old.*

— — — — — — — — — — —

— — — .

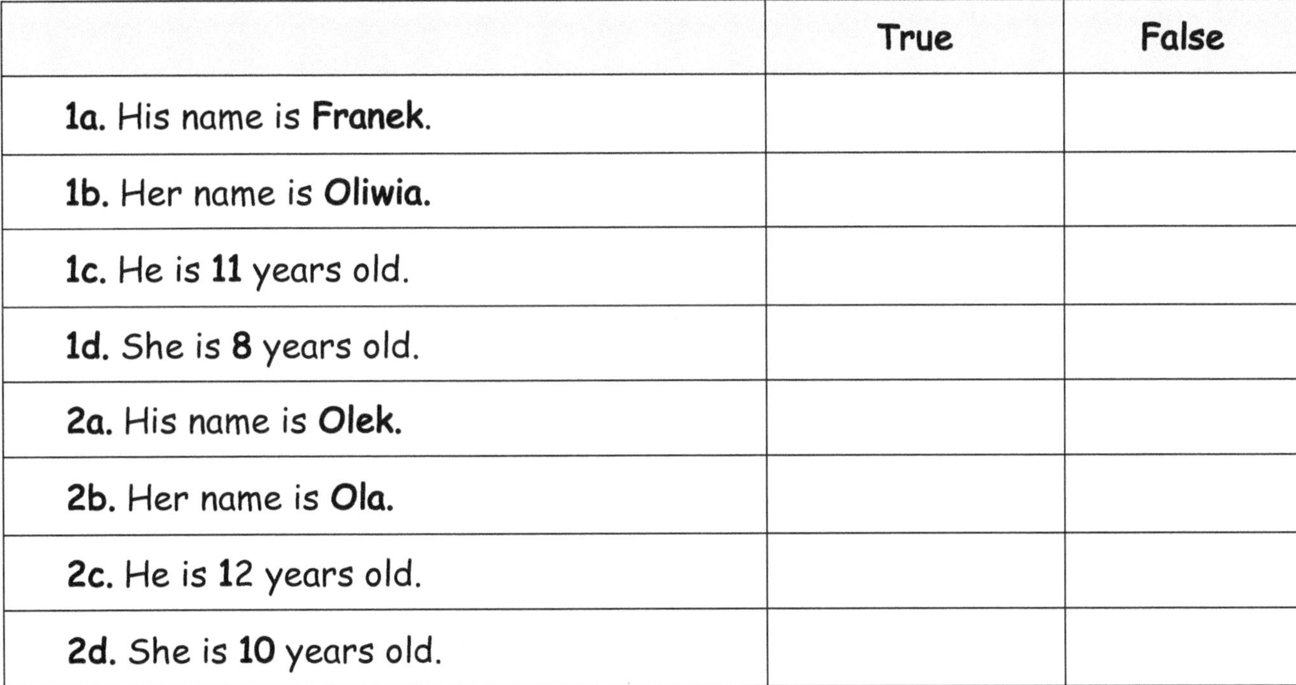

	True	False
1a. His name is **Franek**.		
1b. Her name is **Oliwia**.		
1c. He is **11** years old.		
1d. She is **8** years old.		
2a. His name is **Olek.**		
2b. Her name is **Ola**.		
2c. He is **12** years old.		
2d. She is **10** years old.		

Unit 3. I can say my age: WRITING

1. Spelling

a. M__ __ n__ i__ __ __   *My name is...*

b. M__ __ d__ __ __sięć l__ __.   *I am ten years old.*

c. C__ __ery l__ __ __.   *Four years.*

d. Dz__ __ sięć __ __ __.   *Ten years.*

e. J__ __ m__ __ __ na i__ __ę?   *What's your name?*

f. I__ __ m__ __ __ l__ __?   *How old are you?*

g. J__ __ __ __ __ __   *I am ...*

2. Anagrams

a. aMm soeim tal   *I am 8 years old.*

— — — — — — — — — — — —

b. amM an mięi aMiar   *My name is Maria.*

— — — — — — — — — — — — — — — —

c. Mma wdaanście atl   *I am twelve years old.*

— — — — — — — — — — — — — — — — — — —

d. aMm iesmed lta   *I am seven years old.*

— — — — — — — — — — — — — —

e. Mma iedzęćsi atl   *I am ten years old.*

— — — — — — — — — — — — — —

3. Faulty Translation. Write the correct English version

e.g. *Mam dziesięć lat.* ⟹ *I am <u>11</u> years old.* | *I am 10 years old* |

a. Mam siedem lat. ⟹ I am 6 years old.

b. Mam na imię Ola. ⟹ I have Ola.

c. Ile masz lat? ⟹ What's your name?

d. Jak masz na imię? ⟹ How old are you?

e. Mam na imię Lena. ⟹ Hello, Lena.

4. Phrase-level translation. How do you say it in Polish?

   a. I am 8 years old. ___________________________________

   b. My name is ___________________________________

   c. What's your name? ___________________________________

   d. I am 12 years old. ___________________________________

   e. How old are you? ___________________________________

   f. Good morning. ___________________________________

   g. Hello. ___________________________________

   h. I am ___________________________________

No Snakes No Ladders

START	1 Cześć	2 Mam na imię	3 Mam na imię Adam	4 Jak masz na imię?	5 Dzień dobry	6 Mam na imię Ola	7 i
15 Mam na imię Pola	14 Mam osiem lat	13 Ile masz lat?	12 Mam dziewięć lat	11 Mam dwanaście lat	10 Mam na imię Maria	9 Mam na imię Filip	8 Mam siedem lat
16 Mam dziesięć lat	17 Mam na imię Szymon	18 Jak się pisze?	19 Dobry wieczór	20 Mam pięć lat	21 Mam na imię Zofia	22 Mam sześć lat	23 Cześć, mam na imię
META	30 Dzień dobry Ania	29 Cześć Janek	28 Mam cztery lata	27 Mam na imię Lena	26 Mam na imię Oliwia	25 Mam dziesięć lat	24 Mam na imię Franek

No Snakes No Ladders

START

1. Hello
2. My name is
3. My name is Adam
4. What's your name?
5. Good morning
6. My name is Ola
7. and
8. I am 7 years old
9. My name is Filip
10. My name is Maria
11. I am 12 years old
12. I am 9 years old
13. How old are you?
14. I am 8 years old
15. My name is Pola
16. I am 10 years old
17. My name is Szymon
18. How do you spell it?
19. Good evening
20. I am 5 years old
21. My name is Zofia
22. I am 6 years old
23. Hello, my name is
24. My name is Franek
25. I am 10 years old
26. My name is Oliwia
27. My name is Lena
28. I am 4 years old
29. Hello Janek
30. Good morning Ania

FINISH

UNIT 3 – I can say my age

LISTENING

1. Listen and complete with the missing vowel

a. je**st**em   b. mam na imię   c. sześć   d. pięć   e. cztery   f. lat   g. dwanaście   h. jedenaście
i. dziesięć   j. osiem

2. Break the flow. Draw a line between the words.

a. Cześć. Mam na imię Ania i mam dziesięć lat.   b. Dzień dobry. Mam na imię Klara.
c. Cześć. Mam na imię Filip. Mam osiem lat.   d. Dobry wieczór. Jak masz na imię?
e. Cześć. Mam na imię Jakub i mam dwanaście lat.   f. Ile masz lat? Mam siedem lat.

3. Listen and tick one option for each sentence

a. 3 Jestem <u>Jan.</u>   b. 1 Mam <u>jedenaście lat.</u>   c. 2 Mam <u>dwanaście lat.</u>   d. 3 Cześć. <u>Jak masz na imię?</u>

4. Complete with the missing syllables in the box below

a. Jak masz na i**mię**?   b. Mam **je**denaście lat.   c. Mam **dzie**sięć lat.   d. Dzień **dobry**.
e. Cześć, je**st**em Ola.   f. Mam cz**te**ry lata.   g. Mam **sie**dem lat.   h. Mam
dwana**ście** lat. i. Jestem Oliwia i mam trzy**na**ście lat.   j. Mam dzie**więć** lat.

5. Fill in the grid with the correct name and age

a. Mam na imię Ela. Mam osiem lat.   **Ella ; 8**
b. Dzień dobry, jestem Jan. Mam siedem lat.   **Jan ; 6**
c. Jak masz na imię? Mam na imię Pola i mam sześć lat.   **Pola ; 6**
d. Cześć, mam na imię Antek i mam jedenaście lat.   **Antek ; 11**

6. Faulty Echo

a. Mam <u>dziesięć</u> lat.   b. Cześć, mam <u>dwanaście</u> lat.
c. Dzień <u>dobry</u>, mam na imię Lena.   d. Cześć, mam <u>jedenaście</u> lat.
e. Mam na imię Jan i mam <u>osiem</u> lat.   f. Mam na imię Maja i mam <u>siedem</u> lat.
g. Ile <u>masz</u> lat?   h. <u>Jestem</u> Julia.

7. Track the sounds: Listen and write down how many times you will hear the sound

1.   a – dw<u>a</u>, El<u>a</u>, l<u>a</u>t, m<u>a</u>m (4)
2.   ą –paj<u>ą</u>k (1)
3.   e – j<u>e</u>d<u>e</u>n, dzi<u>e</u>ń, cz<u>e</u>ść, dobrz<u>e</u> (5)
4.   ę – imi<u>ę</u>, pi<u>ę</u>ć, dzi<u>ę</u>kuj<u>ę</u>, dziewi<u>ę</u>ć (5)
5.   i - św<u>i</u>etn<u>i</u>e, c<u>i</u>oc<u>i</u>a (4)
6.   o - d<u>o</u>bran<u>o</u>c, r<u>o</u>k (3)
7.   u - ó J<u>u</u>lia, wiecz<u>ó</u>r, oł<u>ó</u>wek (3)
8.   y - trz<u>y</u>, t<u>y</u> (2)

8. Spot the Intruder

Identify and underline the word in each sentence the speaker is NOT saying

a. Jak masz na imię? <u>Nie</u> mam na imię Pola.   **nie**
b. Ile masz lat? Mam <u>trzy</u> sześć lat.   **trzy**
c. Dzień dobry, mam na imię <u>lat</u> Zuzia.   **lat**
d. Cześć Olek, <u>jak</u> ile masz lat?   **jak**
e. Cześć, <u>dwa</u> mam na imię Hela i mam dziesięć lat.   **dwa**

9. Spelling challenge. Listen and complete the Polish words with the missing letter.
a. dwa   b. jeden   c. sześć   d. dziewięć   e. pięć   f. dziesięć
g. osiem   h. trzy   i. cztery   j. siedem   k. dwanaście   l. jedenaście

10. Listen and circle the correct number
a. 7 (siedem)   b. 10 (dziesięć)   c. 11 (jedenaście)   d. 5 (pięć)   e. 12 (dwanaście)

VOCABULARY BUILDING
1 . Match Up
1. e   2. a   3. g   4. b   5. c   6. h   7. j   8. i   9. d   10. f

2. Broken Words
a. mam   b. os**iem**   c. sze**ść**   d. la**ta**   e. im**ię**   f. dwa**naście**   g. je**den**   h. sie**dem**
i. dziew**ięć**   j. dzies**ięć**

3. Complete the sentences with the missing words below
a. Mam **siedem** lat.   b. **Jestem** Ela.   c. Mam **jedena**ście lat.
d. Jak **masz** na imię?   e. Ile masz **lat**?   f. **Cześć**, mam na imię Adam.
g. Jestem Oliwier i mam trzy **lata.**   h. Mam na imię Ania i **mam** trzynaście lat.

4. Sentence Building Blocks
a. Ile masz lat?   b. Mam pięć lat.
c. Jestem Antek i mam osiem lat.   d. Mam na imię Maja i mam siedem lat.

READING
1. Sylla-Bees
a. Mam na imię Jakub.   b. Mam dwanaście lat.   c. Mam dziewięć lat.

2. True or False
1a. True   1b. False (Amelia)   1c. False (10)   1d. True
2a. True   2b. True   2c. True   2d. False (11)

WRITING
1. Spelling
a. **Mam na imię…**   b. **Mam** dziesięć **lat.**   c. **Cztery lata.**   d. Dziesięć **lat.**
e. **Jak masz** na imię?   f. **Ile masz lat?**   g. Jestem…

2. Anagrams
a. Mam osiem lat.   b. Mam na imię Maria.   c. Mam dwanaście lat.   d. Mam siedem lat.
e. Mam dziesięć lat.

3. Faulty Translation
a. I am 7 years old.   b. My name is Ola.   c. How old are you?
d. What's your name?   e. My name's Lena.

4. Phrase-level Translation
a. Mam osiem lat.   b. Mam na imię…   c. Jak masz na imię?   d. Mam dwanaście lat.
e. Ile masz lat?   f. Dzień dobry.   g. Cześć.   h. Jestem

UNIT 4
MOJA KLASA

In this unit you will learn how to say in Polish:

- ✓ What items you can find in your classroom
- ✓ What colour are your school items

You will revisit:
- ✓ numbers to 12

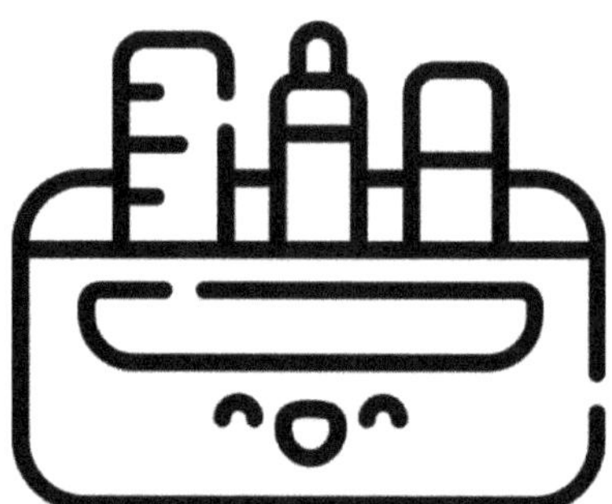

Przepraszam, co to jest?

To jest mój zielony plecak.

UNIT 4. Moja klasa

Co to jest? *What is it?*
To jest mój plecak. *This is my bag.*

To *This*	jest *is* nie jest *is not*		masculine			
		mój *my* twój *your*	biały	white	długopis	pen
			brązowy	brown	kalkulator	calculator
			czarny	black	klej	glue stick
			czerwony	red	komputer	computer
			fioletowy	purple	ołówek	pencil
			niebieski	blue	piórnik	pencil case
			różowy	pink	plecak	schoolbag
			szary	grey	stolik	table
			zielony	green	zeszyt	notebook
			żółty	yellow		
			feminine			
		moja *my* twoja *your*	biała	white		
			brązowa	brown	gumka	rubber
			czarna	black	kredka	colour pencil
			czerwona	red	książka	book
			fioletowa	purple	linijka	ruler
			niebieska	blue	tablica	white board
			różowa	pink	teczka	folder
			szara	grey	temperówka	sharpener
			zielona	green		
			żółta	yellow		
			neutral			
		moje *my* twoje *your*	białe	white		
			brązowe	brown		
			czarne	black		
			czerwone	red		
			fioletowe	purple		
			niebieskie	blue	biurko	desk
			różowe	pink	krzesło	chair
			szare	grey		
			zielone	green		
			żółte	yellow		

Unit 4. I can say what's in my classroom: LISTENING

1. Faulty echo 

Underline the wrong word

e.g. To jest mój czerwony ołówek.

a. Czy to jest twój klej?

b. To jest moja zielona książka.

c. To nie jest mój kalkulator.

d. To jest mój fioletowy piórnik.

e. To nie jest mój zeszyt.

f. To jest moja biała linijka.

2. Listen and match

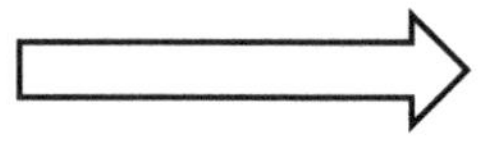

a.	1.	
b.	2.	
c.	3.	
d.	4.	
e.	5.	
f.	6.	

3. Listen and tick the word you hear  

	1 ✓	2	3
e.g.	*teczka*	*ołówek*	*zeszyt*
a.	plecak	długopis	*stolik*
b.	linijka	piórnik	książka
c.	ołówek	temperówka	kredka
d.	tablica	gumka	krzesło
e.	biurko	klej	teczka

4. Fill in the grid with the correct information in English

		Colour	Item
e.g.	*Jan*	*red*	*calculator*
a.	Maja		
b.	Adam		
c.	Oliwia		
d.	Szymon		

5. Listen and complete with the missing vowels

a. bi__ł__ g__mk__

b. n__ebi__ska ksi__żka

c. z__elon__ t__mper__wka

d. b__ał__ krz__sł__

e. br__zow__ b__ __rk__

f. cz__rny dł__gop__s

g. cz__rw__na teczk__

h. ż__łty kl__j

i. fi__letow__ pl__cak

j. r__żowa kr__dka

a ą
e ę
i o
ó u
y

6. Complete with the missing syllables in the box below

a. żół_ _ klej

b. zielona _ _ _ _ka

c. czer_ _ ny zeszyt

d. szary _ _ _gopis

e. żółty piór_ _ _

f. bia_ _ plecak

g. fioletowa _ _ _perówka

h. _ _ _ _ny kalkulator

i. brązowa _ _ _ka

j. poma_ _ _czowa teczka

| kred | wo | dłu | nik | ty | rań | ły | czar | tem | gum | wo |

7. Break the flow: draw a line between words

a. Tojestmójszaryklej.

b. Przepraszamczytojesttwojekrzesło?

c. Toniejestmójniebieskidługopis.

d. Czytojesttwojabrązowatemperówka?

e. Tojesttwojaczerwonakredka.

8. Spot the intruder

Identify the words in each sentence the speaker is NOT saying

a. Co to jest moja?

b. To jest mój nie niebieski długopis.

c. To jest moja biała gumka czerwona.

d. To nie jest moja linijka różowa.

e. Mój to jest czarny piórnik.

f. To jest żółte krzesło moje.

g. To jest pomarańczowy twój zeszyt.

9. Catch it, swap it

Spot the difference between what you hear and the written text and change each sentence accordingly

e.g. *To jest mój zielony plecak.*

| | piórnik |

   a. To nie jest mój żółty klej.

   b. To jest czarny długopis.

   c. To jest mój różowy piórnik.

   d. To nie jest mój niebieski zeszyt.

   e. To jest żółty ołówek.

   f. To nie jest moja czerwona linjka.

   g. To jest twoja książka.

10. Sentence bingo

Write 4 of the sentences into the grid. You will hear sentences in Polish in a RANDOM ORDER. Tick all 4 of your sentences to win bingo.

a. To nie jest mój czerwony klej.

b. To jest czarny długopis.

c. To jest mój różowy piórnik.

d. To nie jest mój niebieski zeszyt.

e. To jest żółty ołówek.

f. To nie jest moja czerwona linjka.

g. To jest moja książka.

11. Listening Slalom

Listen and pick the equivalent English words from each column

e.g. *To jest mój szary ołówek.*

e.g.	*This is*	your	black	ruler.
a.	This is	*my*	green	*pencil.*
b.	This is not	my	*grey*	pen.
c.	This is	my	blue	case.
d.	This is not	a red	pencil	book.
e.	This is	my	and black	sharpener.
f.	Is this your	white rubber	red	glue stick.

Challenge /Zadanie

Can you create 2 more sentences using the words in the staircase grid above?

1. ____

2. ____

Unit 4. I can say what's in my classroom: READING

1. Read, match, find and colour

A. Match these sentences to the pictures above

a. To jest szary ołówek.

b. To jest czerwony plecak.

c. To jest biała gumka.

d. To jest zielony długopis.

e. To jest żółta książka.

f. To jest niebieska temperówka.

g. To jest różowa linijka.

h. To jest pomarańczowy zeszyt.

i. To jest czerwona teczka.

j. To jest czarny kalkulator.

B, Using the sentences in task A find the Polish for:

a. A blue sharpener

b. A green pen

c. A red schoolbag.

d. A black calculator

e. A pink ruler

f. A yellow book

g. A red folder

h. A grey pencil

i. An orange notebook

j. A white rubber

2. True or false
A. Read the paragraphs below and then answer true or false

	True	False
a. **Olaf** is 11 years old.		
b. He has a red schoolbag.		
c. He doesn't have a blue pencil case.		
d. He has a green notebook.		
e. He doesn't have a sharpener.		
f. **Amelia** is 10 years old.		
g. She has a pink schoolbag.		
h. She has a brown folder.		
i. She doesn't have a grey pencil.		
j. She doesn't have a calculator.		

B. Find in the texts above the Polish for:

a. My name is

b. This is

c. This is not

d. A green notebook

e. 9 years old

f. A blue pencil case

3. Tick or cross

A. Read the texts. Tick the box if you find the words in the text, cross it if you do not find them.

a. Cześć, mam na imię **Maria.**

Mam trzynaście lat. To jest mój biały plecak i żółty piórnik. To nie jest mój stolik i krzesło.

b. Cześć, mam na imię **Antek.**

Mam osiem lat. To jest moja zielona temperówka, niebieski ołówek i różowa linijka. To nie jest mój czerwony zeszyt.

	✓	✗
a. trzynaście lat		
b. biały		
c. to nie jest		
d. plecak		
e. to jest twój		
f. biurko		

g. I am 9 years old		
h. this is my		
i. sharpener		
j. blue		
k. pen		
l. orange		

B. Find the Polish in the texts above

a. I am 13 years old ________________________________

b. my schoolbag ________________________________

c. a yellow pencil case ________________________________

d. a pink ruler ________________________________

e. this is not my table ________________________________

4. Read, draw and colour

a. To jest czerwony piórnik.

b. To jest niebieskie krzesło.

c. To jest fioletowa kredka.

d. To jest żółta linijka.

e. To jest różowy plecak.

f. To jest szara gumka.

1. Spelling

a. l__ __ __ __ __ __   *ruler*

b. k__ __ __ __ __ __   *book*

c. o__ __ __ __ __   *pencil*

d. t__ __ __ __ __ó__ __ __   *sharpener*

e. p__ó__ __ __ __   *pencil case*

f. p__ __ __ __ __   *schoolbag*

g. k__ __ __   *glue stick*

2. Anagrams

a. oT etsj iniljka   *This is a ruler.*

__ __ __ __ __ __ __ __ __ __ __ __ __ __

b. oT ein tsej amkgu   *This is not a rubber.*

__ __ __ __ __ __ __ __ __ __ __ __ __ __

c. oT jste woekłó   *This is a pencil.*

__ __ __ __ __ __ __ __ __ __ __ __

d. oT ien tjse ejkl   *This is not a glue.*

__ __ __ __ __ __ __ __ __ __ __

3. Gapped translation

a. To jest pomarańczowy ołówek i żółty klej.

This is an _______________ pencil and a _________________ glue stick.

b. To jest zielony długopis i różowa linijka.

This is a green _____________ and a _____________ ruler.

c. To nie jest twoja temperówka.

This is not your _________________.

d. Przepraszam, czy to jest twój piórnik?

Excuse me, is this your _____________________________?

4. Tangled translation

a. **Write the Polish words in English to complete the translation**

Hello, **mam na imię** Jan. **Mam** nine years old. This is **mój brązowy** pencil case

i **pomarańczowa kredka**. This is **twój czerwony** pencil case i **zielona kredka**.

b. **Write the English words in Polish to complete the translation**

Dzień dobry, **my name is** Ela. **I am** trzynaście lat. **This is my** różowy plecak i

blue notebook. This is not my szary piórnik i **black pen.**

5. Mosaic translation
Use the words in the grid to help you translate the sentences below

a.	To	nie jest	twój	To jest	ołówek.
b.	To	jest	jest?	niebieski	krzesło.
c.	To	jest	moje	różowy	czerwona książka.
d.	Co	to	moja	brązowe	teczka.
e.	To	nie jest	mój	zielona	długopis.

a. *This is my green folder.*

____

b. *This is not your blue pen.*

____

c. *This is my pink pencil.*

____

d. *What is this? This is a red book.*

____

e. *This is not my brown chair.*

____

6. Sentence puzzle

Put the Polish words in the correct order

a. i książka kredka. To zielona żółta jest moja
This is my green book and yellow coloured pencil.

____

b. to Co jest? mój To piórnik. Jest
What is this? This is my pencil case.

____

c. jest czerwona nie linijka. moja To
This is not my red ruler.

____

d. temperówka jest moja i To gumka.
This is my sharpener and rubber.

____

e. twój To jest nie plecak. Pomarańczowy
This is not your orange schoolbag.

____

f. krzesło. nie To moje jest niebieskie
This is not my blue chair.

____

g. twój stolik. To jest nie
This is not your table.

____

7. Fill in the gaps

a. Cześć, mam _______ imię Szymon i __________ jedenaście lat. To jest

mój __________ plecak, czerwony ____________ i __________ gumka.

niebieski	na	mam	długopis	biała

b. Cześć, mam na _______ Emilia i mam ______________ lat . To jest mój

szary __________, ___________ książka i __________ zeszyt.

dziesięć	czarny	imię	żółta	piórnik

8. Guided translation

a. T____ j______ m______ p______________ z__________.

This is my orange notebook.

b. T_____ j______ t______ n______________ o__________.

This is your blue pencil.

c. T____ n______ j____ m________ sz____________ g__________.

This is not my grey rubber.

d. T____ j_______ m_____ ż________ l______ i r________ k______.

This is my yellow ruler and a pink book.

e. T____ n_____ j______ t_______ cz____________ p______________.

This is not your red pencil case.

9. Pyramid translation

Starting from the top, translate each chunk in Polish. Write the sentences in the box below.

a. This

b. This is my

c. This is my yellow book

d. This is my yellow book and

e. This is my yellow book and a red folder.

a.

b.

c.

d.

e.

10. Staircase translation

Starting from the top, translate each chunk into Polish.
Write the sentences in the grid below.

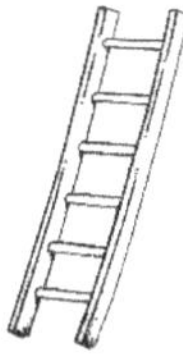

a.	This is	my pen.				
b.	Excuse me,	is this	your schoolbag?			
c.	No,	my schoolbag	is	red.		
d.	This	isn't	your	blue	sharpener.	
e.	This is	my yellow	notebook	and	green	pencil case.

Answers / Odpowiedzi

a.	
b.	
c.	
d.	
e.	

Challenge / Zadanie

Can you create 2 more sentences using the words in the staircase grid above?

☆	
☆	

10 *Czy to jest dziesięć?* *Czy to jest ołówek?*

Tak, to jest dziesięć *Nie, to jest kredka.*

a. Czy to jest krzesło?

____

b. Czy to jest osiem?

____

c. Czy to jest księżka?

____

d. Czy to jest piórnik?

____

e. Czy to jest temperówka?

____

f. Czy to jest linijka?

____

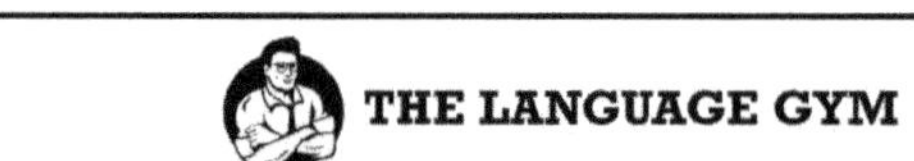

12. Count and write the numbers below

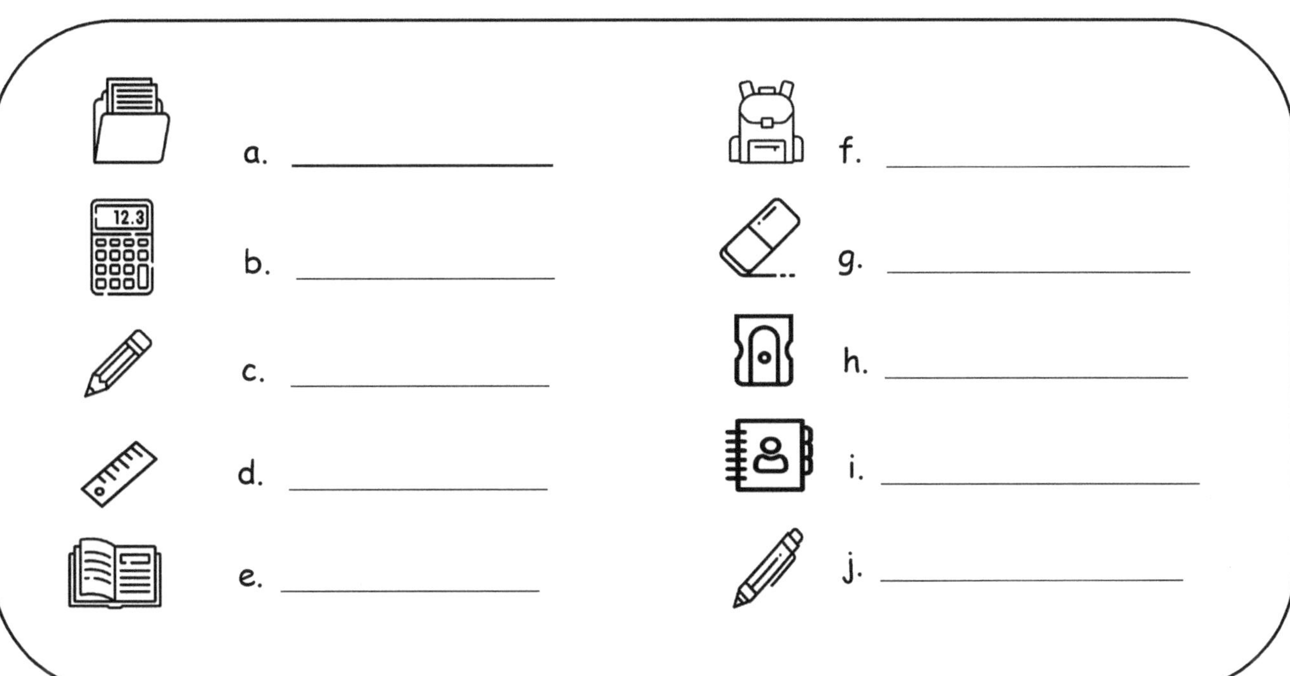

a. _____________	f. _____________
b. _____________	g. _____________
c. _____________	h. _____________
d. _____________	i. _____________
e. _____________	j. _____________

jeden	dwa	trzy	cztery	pięć
sześć	siedem	osiem	dziewięć	dziesięć

UNIT 4 – I can say what's in my classroom

LISTENING

1. Faulty echo
*e.g. To jest mój czerwony **ołówek**.*
a. Czy to jest twój **klej**?
b. To nie jest moja **zielona** książka.
c. To nie jest **mój** kalkulator.
d. To nie jest mój **fioletowy** piórnik.
e. To nie jest mój **zeszyt**.
f. To jest moja **biała** linijka.

2. Listen and match
a. 2   b. 4   c. 6   d. 3   e. 1   f. 5

3. Listen and tick the word you hear
*e.g. To jest moja fioletowa **teczka**.*
a. 3 (stolik)   b. 1 (linijka)   c. 2 (temperówka)   d. 3 (krzesło)   e. 2 (klej)

4. Fill in the grid with the correct information in English
e.g. Cześć, mam na imię Jan. To jest mój czerwony kalkulator.
a. Dzień dobry, jestem Maja. To nie jest mój czarny długopis.
b. Dobry wieczór, jestem Adam. Czy to jest twój różowy plecak?
c. Cześć, mam na imię Oliwia. To jest moja biała linijka.
d. Cześć, mam na imię Szymon. To jest mój zielony długopis.

Answers:
*e.g. **red / calculator***
a. **black / pen**
c. **pink / schoolbag**
b. **white / ruler**
d. **green / pen**

5. Listen and complete with the missing vowels
a. biała gumka
b. niebieska książka
c. zielona temperówka
d. białe krzesło
e. brązowe biurko
f. czarny długopis
g. czerwona teczka
h. żółty klej
i. fioletowy plecak
j. różowa kredka

6. Complete with the missing syllables in the box below
a. żół**ty** klej
b. zielona **kred**ka
c. czer**wo**ny zeszyt
d. szary **dłu**gopis
e. żółty piór**nik**
f. bia**ły** plecak
g. fioletowa **tem**perówka
h. **czar**ny kalkulator
i. brązowa **gum**ka
j. pomar**ańcz**owa teczka

7. Break the flow. Draw a line between words
a. To jest mój szary klej.
c. To nie jest mój niebieski długopis.
e. To jest twoja czerwona kredka.
b. Przepraszam, czy to jest twoje krzesło?
d. Czy to jest twoja brązowa temperówka?

8. Spot the Intruder. Identify the word in each sentence the speaker is NOT saying

a. Co to jest <u>moja</u>?   **moja**

b. To jest mój <u>nie</u> niebieski długopis.   **nie**

c. To jest moja biała gumka <u>czerwona</u>.   **czerwona**

d. To nie jest moja linijka <u>różowa</u>.   **różowa**

e. <u>Mój</u> to jest czarny piórnik.   **mój**

f. To jest żółte krzesło <u>moje</u>.   **moje**

g. To jest pomarańczowy <u>twój</u> zeszyt.   **twój**

9. Catch it, swap it.
Spot the difference between what you hear and the written text and change each sentence accordingly
Transcript

e.g. To jest mój zielony <u>plecak</u>.   *piórnik*

a. To nie jest mój <u>żółty</u> klej.   **czerwony**

b. To jest <u>czarny</u> długopis.   **niebieski**

c. To jest <u>mój</u> różowy piórnik.   **twój**

d. To nie jest mój niebieski <u>zeszyt</u>.   **plecak**

e. To jest <u>żółty</u> ołówek.   **czarny**

f. To nie jest moja czerwona <u>linijka</u>.   **gumka**

g. To jest <u>twoja</u> książka.   **moja**

10. Sentence Bingo
Write 4 of the sentences into the grid. You will hear sentences in Polish in a RANDOM ORDER. Tick all 4 of your sentences to win

1. To jest mój różowy piórnik.   *This is my pink pencil case.*

2. To jest czarny długopis.   *This is a black pen.*

3. To jest moja książka.   *This is my book.*

4. To nie jest mój czerwony klej.   *This is not my red glue stick.*

5. To jest żółty ołówek.   *This is a yelow pencil.*

6. To nie jest moja czerwona linijka.   *This is not my red ruler.*

7. To nie jest mój niebieski zeszyt.   *This is not my blue notebook.*

11. Listening Slalom
Listen and pick the equivalent English words from each column

e.g. To jest mój szary ołówek.

a. To jest moja zielona książka. *(This is my green book.)*

b. To nie jest twoja niebieska linijka. *(This is not your blue ruler.)*

c. To jest czerwony piórnik. *(This is a red pencil case.)*

d. To nie jest mój czarny długopis. *(This is not my black pen.)*

e. To jest mój czerwony klej. *(This is my red glue stick.)*

f. Czy to jest twoja biała gumka i czarna temperówka. *(Is this your white rubber and black sharpener.)*

READING
1. Read, match, find and colour
A. Match these sentences to the pictures above

a. grey pencil   b. red schoolbag   c. white rubber   d. green pen   e. yellow book

f. blue sharpener   g. pink ruler   h. orange notebook   i. red folder   j. black calculator

B. Using the sentences in task A find the Polish for:

a. niebieska temperówka   b. zielony długopis   c. czerwony plecak   d. czarny kalkulator

e. różowa linijka   f. żółta książka   g. czerwona teczka   h. szary ołówek

i. pomarańczowy zeszyt   j. biała gumka

2. True or False

A. Read the paragraphs and for each statement answer True or False

a. true   b. true   c. false (he has a blue pencil case)   d. true   e. true

f. false (9)   g. false (orange schoolbag)   h. true   i. false (grey pencil)   j. true

B. Find in the text above the Polish for:

a. mam na imię   b. To jest   c. To nie jest   d. zielony zeszyt

e. dziewięć lat   f. niebieski piórnik

3. Tick or Cross

A. Read the text. Tick the box if you find the words in the text, cross it if you do not find them

a. ✓   b. X   c. ✓   d. ✓   e. X   f. X   g. X   h. ✓   i. ✓   j. ✓   k. X   l. X

B. Find the Polish in the text above

a. mam trzynaście lat   b. mój plecak   c. żółty piórnik   d. różowa linijka   e. To nie jest mój stolik.

4. Read, draw and colour

a. This is a red pencil case.   b. This is a blue chair.   c. This is a purple coloured pencil.

d. This is a yellow ruler.   e. This is a pink schoolbag.   f. This is a grey rubber.

WRITING

1. Spelling

a. linijka   b. książka   c. ołówek   d. temperówka   e. piórnik   f. plecak   g. klej

2. Anagrams

a. To jest linijka.   b. To nie jest gumka.   c. To jest ołówek.   d. To nie jest klej.

3. Gapped Translation

a. This is an **orange** pencil and a **yellow** glue stick.   b. This is a green **pen** and a **pink** ruler.

c. This is not your **sharpener.**   d. Excuse me, is this your **pencil case**?

4. Tangled Translation

a. Hello, **my name is** Jan. **I am** nine years old. This is **my brown** pencil case **and orange colour pencil**. This is **your red** pencil case and **green colour pencil**.

b. Dzień dobry, **mam na imię** Ela. **Mam** trzynaście lat. **To jest mój** różowy plecak i **niebieski zeszyt**. **To nie jest mój** szary piórnik i **czarny długopis.**

5. Mosaic Translation

a. To jest moja zielona teczka.   b. To nie jest twój niebieski długopis.

c. To jest mój różowy ołówek.   d. Co to jest? To jest czerwona książka.

e. To nie jest moje brązowe krzesło.

6. Sentence Puzzle

a. To jest moja zielona książka i żółta kredka.

c. To nie jest moja czerwona linijka.

e. To nie jest twój pomarańczowy plecak.

g. To nie jest twój stolik.

b. Co to jest? To jest mój piórnik.

d. To jest moja temperówka i gumka.

f. To nie jest moje niebieskie krzesło.

7. Fill in the Gaps

a. Cześć, mam **na** imię Szymon i **mam** jedenaście lat. To jest mój **niebieski** plecak, czerwony **długopis** i **biała** gumka.

b. Cześć, mam na **imię** Emilia i mam **dziesięć** lat. To jest mój szary **piórnik**, **żółta** książka i **czarny** zeszyt.

8. Guided Translation

a. To jest mój pomarańczowy zeszyt.

c. To nie jest moja szara gumka.

e. To nie jest twój czerwony piórnik.

b. To jest twój niebieski ołówek.

d. To jest moja żółta linijka i różowa książka.

9. Pyramid Translation

To jest moja żółta książka i czerwona teczka.

10. Staircase Translation

a. To jest mój długopis.

c. Nie, mój plecak jest czerwony.

e. To jest mój żółty zeszyt i zielony piórnik.

b. Przepraszam, czy to twój plecak?

d. To nie jest twoja niebieska temperówka.

11. Look, read and answer the questions.

a. Nie, to jest stolik.

b. Nie, to jest pięć.

c. Tak, to jest książka.

d. Nie, to jest plecak.

e. Tak, to jest temperówka.

f. Nie, to jest kalkulator.

12. Count and write the numbers below.

a. dwa (2)   b. jeden (1)   c. pięć (5)   d. dziewięć (9)   e. siedem (7)

f. dziesięć (10)   g. cztery (4)   h. osiem (8)   i. trzy (3)   j. sześć (6)

UNIT 5

MOJA RODZINA I LICZBY DO 100

In this unit you will learn how to say in Polish:

- ✓ Family members
- ✓ Numbers to 100

You will revisit:

- ✓ Your name and age
- ✓ Classroom objects

Ile lat ma twoja mama? *How old is your mum?*

Moja *My* **Twoja** *Your*	**mama** *mum* **siostra** *sister* **babcia** *grandma* **ciocia** *aunt* **kuzynka** *cousin*		**jeden*** — one **dwa**** — two **trzy**** — three **cztery**** — four **pięć** — five **sześć** — six **siedem** — seven **osiem** — eight **dziewięć** — nine **dziesięć** — ten **jedenaście** — eleven **dwanaście** — twelve **trzynaście** — thirteen **czternaście** — fourteen **piętnaście** — fifteen		
Ona *She*					
Mój *My* **Twój** *Your*	**tata** *dad* **brat** *brother* **dziadek** *grandpa* **wujek** *uncle* **kuzyn** *cousin*	**ma** *has* *is**	**szesnaście** — sixteen **siedemnaście** — seventeen **osiemnaście** — eighteen **dziewiętnaście** — nineteen **dwadzieścia** — twenty **dwadzieścia jeden** — twenty one **dwadzieścia dwa**** — twenty two **dwadzieścia trzy**** — twenty three **dwadzieścia cztery**** — twenty four **dwadzieścia pięć** — twenty five **dwadzieścia sześć** — twenty six **dwadzieścia siedem** — twenty seven **dwadzieścia osiem** — twenty eight **dwadzieścia dziewięć** — twenty nine **trzydzieści** — thirty **czterdzieści** — forty **pięćdziesiąt** — fifty **sześćdziesiąt** — sixty **siedemdziesiąt** — seventy **osiemdziesiąt** — eighty **dziewięćdziesiąt** — ninety **sto** — one hundred	**rok.*** *year* **lata.**** *years* **lat.** *years*
On *He*					

THE LANGUAGE GYM

Unit 5. My family & counting to 100: LISTENING

1. Listen and tick the word you hear

	1.	2.	3.
a.	szesnaście	siedemnaście	trzydzieści
b.	dziesięć	dziewięć	jedenaście
c.	osiemdziesiąt	osiemnaście	sześćdziesiąt
d.	dwadzieścia	pięćdziesiąt	czterdzieści
e.	siedemdziesiąt	czternaście	czterdzieści
f.	dziewięćdziesiąt	dziesięć	dziewiętnaście

2. Faulty echo

Underline the wrong word

a.   Moja mama ma czterdzieści lat.

b.   Mój tata ma pięćdziesiąt lat.

c.   To jest moja ciocia.

d.   Moja babcia ma sześćdziesiąt lat.

e.   Mój kuzyn ma osiemnaście lat.

f.   Mam trzynaście lat.

g.   Mój brat ma szesnaście lat.

h.   Twoja ciocia ma dwadzieścia lat.

i.   Twoja kuzynka ma siedemnaście lat.

3. Track the sounds

Listen and write down how many times you hear the sound

1.	a	
2.	ą	
3.	e	
4.	ę	
5.	i	
6.	o	
7.	u ó	
8.	y	

a. Moja mama ma czte__dzie__ci __eden lat.

b. Mój tata ma trz__dzi__ści trz__ lata.

c. Moja bab__ia ma sie__emdziesi__t lat.

d. Moja k__zynk__ ma cz__ern__ście l__t.

e. Mój dzi__dek ma sz__śćdzi__siąt __ięć lat.

f. Moja sio__tra ma dzie__ię__ lat.

g. Mam osie__ la__.

h. Mój bra__ ma sie__e__naście lat.

5. Complete with the missing syllables in the box below

a. Mam _ _ _ _sięć lat.

f. Mój ta_ _ ma czterdzieści lat.

b. Moja babcia ma _ _ _ _dziesiąt lat.

g. On ma osiem_ _ście lat.

c. Moja cio_ _ _ ma dwadzieścia lat.

h. Ona ma _ _denaście lat.

d. Mój brat ma szesna_ _ _ _ lat.

i. Ty masz cztery _ _ta.

e. Twoja mama ma _ _ _ _dzieści lat.

j. Ile lat ma twoja ku_ _ _ka?

| dzie | je | zyn | ście | cia | la | pięć | trzy | ta | na |

6. Fill in the grid with the correct information 

	Person	Age
e.g.	mum	39
a.		
b.		
c.		
d.		
e.		

7. Spot the Intruder

Identify the word in each sentence the speaker is NOT saying

e.g. Moja ciocia ma trzydzieści sześć twoja lat.

a. Moja siostra ma rok lat.

b. Mój tata ma czterdzieści dwanaście trzy lata.

c. Ile lat ma twoja babcia wujek?

d. Mam na imię Szymon. Mam nie dziesięć lat.

e. Mój dziadek ma twój pięćdziesiąt sześć lat.

f. To jest moja ciocia. Ona ma bardzo trzydzieści lat.

g. Twoja kuzynka ma piętnaście cztery lat.

8. Catch it, Swap it: rewrite the wrong word 

e.g. Mam <u>jedenaście</u> lat.   *dziesięć* __________

a. Moja mama ma trzydzieści pięć lat. __________

b. Mój tata ma czterdzieści cztery lata. __________

c. Twoja siostra ma szesnaście lat. __________

d. Ile lat ma twoja babcia? __________

e. Ona ma siedemdziesiąt sześć lat. __________

f. Mam na imię Adam i mam czternaście lat. __________

g. Mój brat ma na imię Marcel i ma trzy lata. __________

9. Listen, Tick or Cross

e.g. Jan is 15 years old.	✓	
a. Kacper is 13 years old.		
b. My sister is 19 years old.		
c. My cousin is 15 years old.		
d. My brother's name is Jakub and he is 11 years old.		
e. My mum's name is Pola and she is 42 years old.		
f. Your grandma is 67 and your grandpa is 70 years old.		

Unit 5. My family & counting to 100: READING

1. Sylla-Moles

Read and put the syllables in the cells in the correct order

na	Mam	Ja	mię	i	kub

a. *My name is Jakub.* __ __ __ __ __ __ __ __ __ __ __ __ __ __ __ __.

dwa	Mam	lat	ście	na

b. *I am 12 years old:* __ __ __ __ __ __ __ __ __ __ __ __ __ __ __ __ __ __.

Jan	Mój	mię	na	ku	ma	zyn	i

c. *My cousin's name is Jan:* __ __ __ __ __ __ __ __ __ __ __ __ __ __ __ __ __ __ __ __ __ __.

ści	ma	ja	dzie	Mo	trzy	ma	sie	ma	lat	dem

d. *My mum is 37 years old:* __ __ __ __ __ __ __ __ __ __ __ __ __ __ __ __ __ __ __ __ __ __ __ __ __ __ __ __ __ __ __ __ __ __ __.

dzia	dzie	dek	siąt	o	ma	Mój	lat	siem

e. *My grandfather is 80 years old:* __ __ __ __ __ __ __ __ __ __ __ __ __ __ __ __ __ __ __ __ __ __ __ __ __ __ __ __ __ __ __ __ __ __ __ __.

a. Siedemdziesiąt trzy jest niebieskie.

b. Czterdzieści cztery jest różowe.

c. Dwadzieścia siedem jest czerwone.

d. Szesnaście jest szare.

e. Pięćdziesiąt dziewięć jest zielone.

f. Sześćdziesiąt jeden jest pomarańczowe.

g. Osiemdziesiąt siedem jest żółte.

h. Dziewięćdziesiąt dwa jest brązowe.

i. Dwadzieścia pięć jest czarne.

3. True or false
Read the paragraphs below and answer true or false

1. Cześć, mam na imię Sara. Mam siedem lat. Moja mama ma na imię Ela. Ona ma czterdzieści dwa lata. To jest mój zielony piórnik i czerwona linijka.

2. Cześć, mam na imię Olek. Mam dziesięć lat. Mój tata ma na imię Piotr. On ma trzydzieści dziewięć lat. To jest mój brązowy plecak i pomarańczowa książka.

		True	False
1	a. Her name is **Sara.**		
	b. She is 6 years old.		
	c. Her mum is 40 years old.		
	d. Her pencil case is pink.		
	e. She has a red ruler.		
2	f. His name is **Franek.**		
	g. He is 10 years old.		
	h. His dad is 42 years old.		
	i. His schoolbag is brown.		
	j. His book is yellow.		

4. Tick or cross

A. Put a tick if you find the words in the text or a cross if you do not find them.

Cześć, mam na imię **Ariella** i mam dziewięć lat. Moja mama ma na imię Natasha i ma trzydzieści osiem lat. Mój tata ma na imię Dylan i ma czterdzieści lat. To jest mój czerwony plecak.

Dzień dobry, jestem **Lenny.** Mam siedem lat. Moja siostra ma na imię Ariella i ona ma dziewięć lat. To jest moja niebieska książka.
Do zobaczenia!

	✓	✗
a. my name is		
b. 12 years		
c. hello		
d. 36 years		
e. my grandpa		
f. black schoolbag		

g. I am 7 years old		
h. my sister		
i. 11 years		
j. blue book		
k. goodbye		

B. Find the Polish in the texts above

a. My name is ____

b. My dad's name is ____

c. She is 9 years old ____

d. My red backpack ____

5. Language detective

- <u>Mam na imię</u> **Antek** Wiśniewski. Mam dwanaście lat. To jest moja mama Ela. Ona ma czterdzieści dwa lata. Mój tata ma na imię Wiktor i on ma czterdzieści siedem lat.

- Dzień dobry. Mam na imię **Weronika** Wójcik. Mam trzynaście lat. To jest moja babcia Zosia. Ona ma sześćdziesiąt lat. Moja kuzynka ma na imię Ewa. Ona ma szesnaście lat.

- Cześć, jestem **Karol** Kowalczyk. Mam czternaście lat. To jest mój tata Olek. On ma pięćdziesiąt lat. Moja ciocia ma na imię Marta. Ona ma czterdzieści lat.

A. Find someone who…

a. …is 12 years old.

b. …has a grandma.

c. …has a cousin.

d. … is 42 years old.

e. …has an aunt.

f. …is 47 years old.

g. … is 50 years old.

B. Put a cross in the box and underline the corresponding Polish translation. One is odd.

my name is	I am 14 years old	this is my dad
good morning	my aunt	hello
she is 16 years old	I am	he is 50 years old
my cousin	good evening	I am 12 years old

Unit 5. My family and counting to 100: WRITING

---

1. Spelling

a. D__ __ __ __   d__ __ __ __   *Good morning*

b. I__e la__ ma t__oja ma__ __?   *How old is your mum?*

c. O__ __ ma dzi__ si__ __ lat.   *She is ten years old.*

d. M__ __ dz__ __ __ __ __   *My grandpa.*

e. D__ w__ __ __e__ __ __   *Goodbye.*

f. O__ m__ n__ i__ __ __ Jan.   *His name is Jan.*

g. M__ __ s__ __ść l__ __.   *I am 6 years old.*

---

2. Gapped translation

Complete the translation

a. Mam siedem lat.   *I am ___________ years old.*

b. Ona ma piętnaście lat.   *She is __________ years old.*

c. To jest moja babcia.   *This is __________________.*

d. On ma sześćdziesiąt lat.   *He is ____________ years old.*

e. Dzień dobry.   _____________________________

f. To jest mój zielony piórnik.   *This is __________________.*

g. Dobry wieczór.   _____________________________

3. Sentence Puzzle

Put the words in the correct order

a. Mam lat? Ile siedem masz lat.

____

b. twoja lat ma Ile siostra?

____

c. moja To babcia. jest ma lat. Ona pięćdziesiąt

____

d. Mam Karol dziewięć na i mam imię lat.

____

e. To mój długopis. jest nie czarny

____

f. ma Mój osiem lat. dziadek sześćdziesiąt

____

g. siostra Moja ma na Pola i mam czternaście imię lat.

____

h. plecak i To niebieski twój jest teczka zielona.

____

i. To brat. mój jest jedenaście On ma lat.

____

4. Rock climbing
Starting from the bottom, pick one chunk from each row to translate the sentences below

jedenaście lat.	siostra?	babcia.	dziewięć lat.	Ala.
twoja	ma	i mam	ma na imię	moja
brat	Franek	kuzynka	jest	ma
Mam na imię	Mój	To	Moja	Ile lat
a.	b.	c.	d.	e.

a. My name is Franek and I'm 9 years old.

____

b. My brother is 11 years old.

____

c. This is my grandma.

____

d. My cousin's name is Ala.

____

e. How old is your sister?

____

5. Tangled translation

a. Write the Polish words in English to complete the translation.

Hello, **mam na imię** Filip. **Mam** ten **lat**. **To jest** my mum. She is **trzydzieści**

____

dziewięć lat. This is **mój tata**. He is **czterdzieści jeden lat**.

____

b. Write the English words in Polish to complete the translation.

Cześć, **my name is** Oliwia. **I am** jedenaście **years old**. To jest **my blue**

____

schoolbag and mój żółty **pencil case**. Czy to jest **your book?**

____

6. Fill in the Gaps

a. Cześć, mam na _________ Aleks. Mam czternaście ___________.

To jest _________ mama Ewa. Ona ma _____________________ pięć

lat. To jest mój czerwony __________.

trzydzieści	moja	lat	imię	plecak

b. Cześć, mam na imię Marcel. __________ dziewięć lat. To jest moja

__________. _______________ ma dziesięć lat. To jest mój

_________. On ma _______________ lat.

piętnaście	brat	Mam	siostra	Ona

7. Pyramid Translation

Translate into Polish starting from the top. Write the sentences in the grid below

a. Hello

b. Hello, my name is Leo.

c. Hello, my name is Leo. I am 7 years old.

d. Hello, my name is Leo. I am 7 years old. This is my grandma.

e. Hello, my name is Leo. I am 7 years old. This is my grandma. She is 70 years old.

a.

b.

c.

d.

e.

UNIT 5 – My family & counting to 100

LISTENING

1.Listen and tick the word you hear

a. 2 (siedemnaście)   b. 1 (dziesięć) c. 2 (osiemnaście)   d. 3 (czterdzieści)   e. 2 (czternaście)

f. 1 (dziewięćdziesiąt)

2. Faulty echo

a. **Moja** mama ma czterdzieści lat.

b. Mój tata ma **pięćdziesiąt** lat.

c. To jest moja **ciocia**.

d. Moja **babcia** ma sześćdziesiąt lat.

e. Mój **kuzyn** ma osiemnaście lat.

f. Mam **trzynaście** lat.

g. Mój brat ma **szesnaście** lat.

h. Twoja ciocia ma dwadzieścia **lat**.

i. **Twoja** kuzynka ma siedemnaście lat.

3. Track the sounds

a. tata, brat, dwanaście   b. pięćdziesiąt   c. czterdzieści, jedenaście   d. dziewiętnaście

e. dziadek   f. osiemnaście, siostra, sto   g. kuzynka   h. kuzyn, cztery, trzynaście

4. Listen and complete the missing letters

a. Moja mama ma czterdzieści jeden lat.

b. Mój tata ma trzydzieści trzy lata.

c. Moja babcia ma siedemdziesiąt lat.

d. Moja kuzynka ma czternaście lat.

e. Mój dziadek ma sześćdziesiąt lat.

f. Moja siostra ma dziesięć lat.

g. Mam osiem lat.

h. Mój brat ma siedemnaście lat.

5. Complete with the missing syllables in the box below.

a. Mam **dzie**sięć lat.   b. Moja babcia ma **pięć**dziesiąt lat.   c. Moja cio**cia** ma dwadzieścia lat.

d. Mój brat na szesna**ście** lat.   e. Twoja mama na **trzy**dzieści lat.   f. Mój ta**ta** ma czterdzieści

lat.   g. On ma osiemna**ście** lat.   h. Ona ma **je**denaście lat.   i. Ty masz cztery **lata**.

j. Ile lat ma twoja ku**zyn**ka?

6. Fill in the grid with correct information.

a. dad, 43   b. grandma, 64   c. grandpa, 71   d. aunt, 28   e. brother, 16

7. Spot the intruder

a. Moja siostra ma rok ~~lat~~.

b. Mój tata ma czterdzieści ~~dwanaście~~ trzy lata.

c. Ile lat ma twoja babcia ~~wujek~~?

d. Mam na imię Szymon. Mam ~~nie~~ dziesięć lat.

e. Mój dziadek ma ~~twój~~ pięćdziesiąt sześć lat.

f. To jest moja ciocia. Ona ma ~~bardzo~~ trzydzieści lat.

g. Twoja kuzynka ma piętnaście ~~cztery~~ lat.

8. Catch it, swap it and rewrite the wrong word

a. Moja mama ma trzydzieści <u>pięć</u> lat.   **osiem**

b. Mój tata ma <u>czterdzieści</u> cztery lata.   **pięćdziesiąt**

c. <u>Twoja</u> siostra ma szesnaście lat.   **Moja**

d. Ile lat ma twoja <u>babcia</u>?   **ciocia**

e. Ona ma siedemdziesiąt <u>sześć</u> lat.   **siedem**

f. Mam na imię Adam i mam <u>czternaście</u> lat.   **szesnaście**

g. Mój <u>brat</u> ma na imię Marcel i ma trzy lata.   **kuzyn**

9. Listen, tick and cross
Example: Jan is 15 years old. ✓
a. Kacper is 13 years old. ✓   b. My sister is 19 years old. X (17)   c. My cousin is 15 years old. ✓ d. My brother's name is Jakub and he is 11 years old. X (cousin)   e. My mum's name is Pola and she is 42 years old. X (48)   f. Your grandma is 67 and your grandpa is 70 years old. ✓

Unit 5   READING
1. Sylla moles
a. Mam na imię Jakub.   b. Mam dwanaście lat.   c. Mój kuzyn ma na imię Jan.
d. Moja mama ma trzydzieści siedem lat.   e. Mój dziadek ma osiemdziesiąt lat.

2. Read and colour the numbers.
a. 73 blue   b. 44 pink   c. 27 red   d. 16 grey   e. 59 green
f. 61 orange   g. 87 yellow   h. 92 brown   i. 25 black

3. True or false
a. Her name is Sara. ✓   b. She is 6 years old. X (7)   c. Her mum is 40 years old. X (42)
d. Her pencil case is pink. X (green)   e. She has a red ruler. ✓   f. His name is Franek. X (Olek)
g. He is 10 years old. ✓   h. His dad is 42 years old. X (39)   i. His schoolbag is brown. ✓
j. His book is yellow. X (orange)

4. Tick or cross
A. a. my name is ✓   b. 12 years X   c. hello ✓   d. 36 years X   e. my grandpa X
f. black schoolbag X   g. I am 7 years old ✓   h. my sister ✓   i. 11 years X
j. blue book✓   k. goodbye X

B. Find the Polish in the texts above
a. mam na imię   b. mój tata ma na imię   c. ona ma dziewięć lat
d. mój czerwony plecak

5. Language detective
A. a. Antek   b. Weronika   c. Weronika   d. Antek's mum
e. Karol   f. Antek's dad   g. Karol's dad
B. One odd out: good evening

Unit 5 WRITING
1. Spelling
a. Dzień dobry   b. Ile lat ma twoja mama?   c. Ona mam dziesięć lat.   d. Mój dziadek
e. Do widzenia   f. On ma na imię Jan.   g. Mam sześć lat.

2. Gapped translation
a. I am 7 years old.   b. She is 15 years old.   c. This is my grandma.   d. He is 60 years old.   e. Good morning   f. This is my green pencil case.   g. Good evening

3. Sentence puzzle
a. Ile masz lat? Mam siedem lat.   b. Ile lat ma twoja siostra?   c. To jest moja babcia. Ona ma pięćdziesiąt lat.   d. Mam na imię Karol i mam dziewięć lat.   e. To nie jest mój czarny długopis.
f. Mój dziadek ma sześćdziesiąt osiem lat.   g. Moja siostra ma na imię Pola i ma czternaście lat.
h. To jest twój niebieski plecak i zielona teczka.   i. To jest mój brat. On ma jedenaście lat.

4. Rock climbing

a. Mam na imię Franek i mam dziewięć lat.   b. Mój brat ma jedenaście lat.   c. To jest moja babcia.   d. Moja kuzynka ma na imię Ala.   e. Ile lat ma twoja siostra?

5. Tangled translation

a. Hello, **my name is** Filip. **I am** ten **years old. This is** my mum. She is **39 years old**. This is **my dad**. He is **41 years old.**
b. Cześć, **mam na imię** Oliwia. **Mam** jedenaście **lat.** To jest **mój niebieski plecak i** mój żółty **piórnik.** Czy to jest **twoja książka?**

6. Fill in the gaps

a. Cześć, mam na **imię** Aleks. Mam czternaście **lat.** To jest **moja** mama Ewa. Ona ma **trzydzieści** pięć lat. To jest mój czerwony **plecak.**
b. Cześć, mam na imię Marcel. **Mam** dziewięć lat. To jest moja **siostra. Ona** ma dziesięć lat. To jest mój **brat.** On ma **piętnaście** lat.

7. Pyramid translation

Cześć, mam na imię Leo. Mam siedem lat. To jest moja babcia. Ona ma siedemdziesiąt lat.

UNIT 6
MOJE ZWIERZĘ

In this unit you will learn how to say in Polish:

- What pets you have
- What colour your pets are

You will revisit:
- ★ Saying your name
- ★ How to say your age

To jest pies.

To nie jest królik. To jest kot.

UNIT 6. MOJE ZWIERZĘ

> **Czy to jest twoje zwierzę?** *Is this your pet?*
> **Tak. To jest mój pies.** *Yes, this is my dog.*

Tak, to jest *Yes, this is*	**mój** *my* **twój** *your*	**duży** *big* **mały** *small*	**biały** **brązowy** **czarny** **czerwony** **fioletowy** **niebieski** **różowy** **szary** **zielony** **żółty**	white brown black red purple blue pink grey green yellow	**chomik** **koń** **kot** **królik** **pająk** **pies** **pingwin** **kanarek** **żółw**	hamster horse cat rabbit spider dog penguin canary tortoise
Nie, to nie jest *No, this isn't*	**moja** *my* **twoja** *your*	**duża** *big* **mała** *small*	**biała** **brązowa** **czarna** **czerwona** **fioletowa** **niebieska** **różowa** **szara** **zielona** **żółta**	white brown black red purple blue pink grey green yellow	**kaczka** **kura** **mysz** **owca** **papuga** **rybka** **świnka morska**	duck hen mouse sheep parrot fish guinea pig
	moje *my* **twoje** *your*	**duże** *big* **małe** *small*	**białe** **brązowe** **czarne** **czerwone** **fioletowe** **niebieskie** **różowe** **szare** **zielone** **żółte**	white brown black red purple blue pink grey green yellow	**zwierzę**	pet

Unit 6. I can say what pets I have: LISTENING 

1. Listen and complete with the missing vowel

a. p__es   e. ż__łw   i. paj__k

b. k__ń   f. owc__   j. pap__ga

c. k__t   g. kr__lik   k. m__sz

d. r__bka   h. k__ra   l. ch__mik

a ą
e ę
i o
ó u
y

2. Listen and tick the word you hear ✓

		1	2	3
a.	To jest	rybka.	mysz.	królik.
b.	To jest	mały kot.	mała owca.	moja papuga.
c.	To nie jest	duży koń.	duża kaczka.	biały królik.
d.	To nie jest	moje zwierzę	mój pies.	zielony pająk.
e.	To jest	twoja kura.	twój żółw.	twoje zwierzę.

3. Complete with the missing syllables in the box below

a. czar_ _ pies   e. brązowy kró_ _ _

b. biała ku_ _   f. czarny _ _jąk

c. _ _ _ _ry koń   g. czer_ _na owca

d. niebie_ _ _ rybka   h. żółta pa_ _ga

| ska   pa   ny   ra   pu   sza   wo   lik |

4. Complete the words with the missing endings

a. żółt_ kanare_

b. różow_ owc_

c. czerwon_ papug_

d. czarn_ ko_

e. pomarańczow_ żół_

f. biał_ pie_

g. mał_ pingwi_

h. czarn_ kur_

i. zielon_ rybk_

j. biał_ śwink_ morsk_

5. Write the missing word as you hear it

a. niebieska _____________

b. żółta _____________

c. różowa _____________

d. czarny _____________

e. biała _____________

f. czerwony _____________

g. _____________ pies

h. _____________ mysz

i. duży _____________

j. To jest _____________.

k. To nie jest _____________.

6. Faulty Echo

Underline the wrong word

a. To nie jest biały pingwin.

b. To jest mała owca.

c. To jest niebieska kaczka.

d. To nie jest mały pies.

e. To jest żółta papuga.

f. To nie jest biały królik.

g. To jest twój żółw.

h. Czy to jest twoja rybka?

i. To nie jest moja żółta kura.

j. To jest czarny pająk.

	Colour	Pet
a.		
b.		
c.		
d.		
e.		
f.		

8. Catch it, swap it

Listen, spot the difference between what you hear and the written text and edit each sentence accordingly

e.g. *To jest mój szary ~~kot~~.*   *rabbit* __________

a.   To nie jest duży, szary koń.   __________

b.   To jest mała, żółta kura.   __________

c.   To jest biały królik.   __________

d.   To nie jest niebieska rybka.   __________

e.   Czy to jest twoje zwierzę? Tak, to jest mój kot. __________

f.   To nie jest czarny pingwin.   __________

g.   To jest moja mała papuga Bella.   __________

9. Listening Slalom

Listen and pick the equivalent English words from each column –
drawing a line as you follow the speaker.

e.g. To jest czarny kot. – This is a black cat.

Colour in the boxes for each sentence in a different colour and
read out the sentence in Polish.

e.g.	*This is*	blue	
a.	This isn't	**black**	
b.	This is	pink	
c.	This isn't	white	
d.	This is	brown	
e.	This isn't	grey	
f.	This is	yellow	

Unit 6. I can say what pets I have: READING

1. Read, match and colour 

a. Kot jest niebieski.

b. Papuga jest różowa.

c. Kaczka jest czerwona.

d. Owca jest szara.

e. Pająk jest zielony.

f. Kura jest pomarańczowa.

g. Kanarek jest żółty.

h. Koń jest fioletowy.

i. Mysz jest czarna.

j. Żółw jest brązowy.

2. Sylla-Bees

Read and put the syllables in the cells in the correct order.

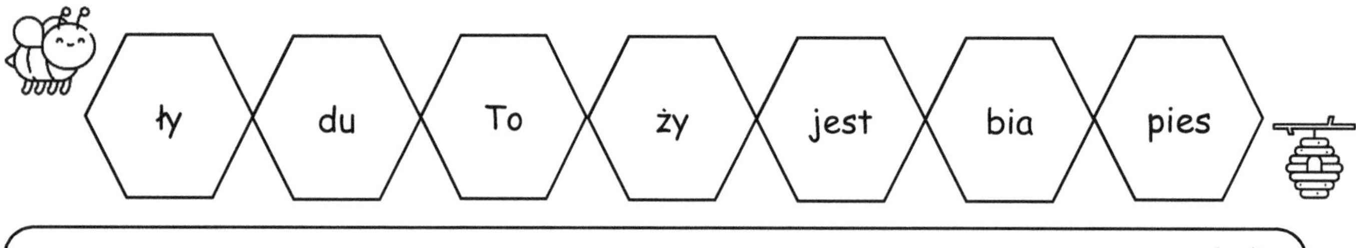

a. *This is a big, white dog.*

—— ————— ——————, ————— ——————.

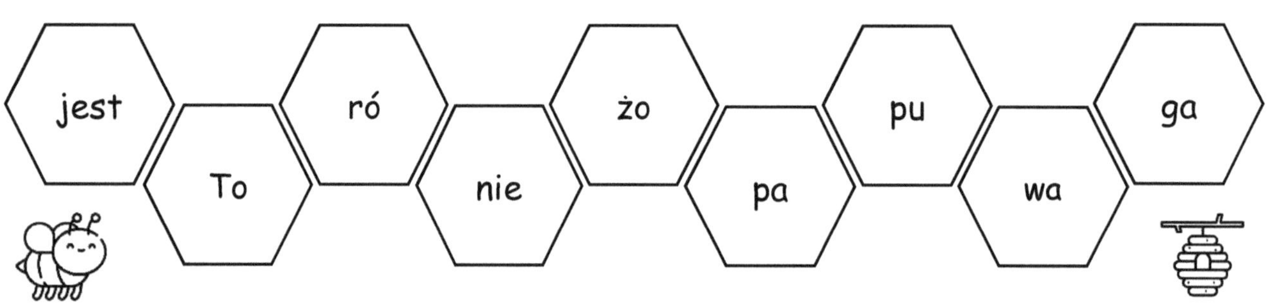

b. *This is not a pink parrot.*

——— ———— ————— —————————— ——————.

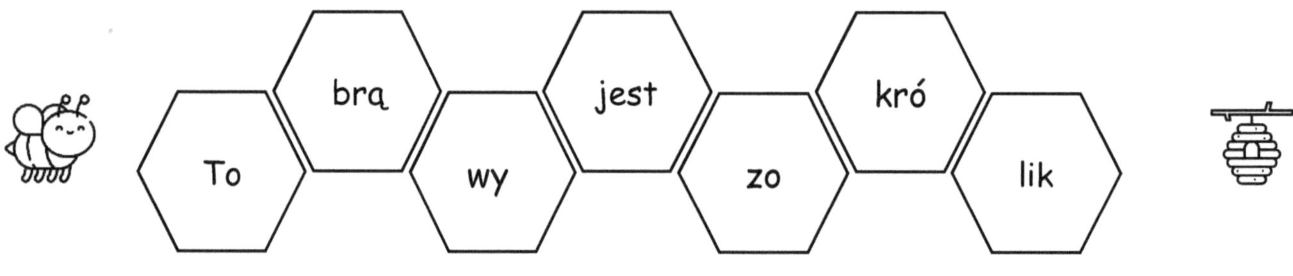

c. *This is a brown rabbit.*

——— ————— ————————— —————————.

3. True or False
Read the paragraphs below and then answer True or False

		True	False
1	**a. Karol** is 10 years old.		
	b. He has a grey hamster.		
	c. His pet's name is Feliks.		
	d. His pet is 8 years old.		
2	**e. Marta** is 7 years old.		
	f. She has a white cat.		
	g. Her cat's name is Lola.		
	h. Her cat is 3 years old.		

4. Tick or cross

A. Read the text. Tick the box if you find the words in the text, cross it if you do not find them.

Cześć, mam na imię **Bruno.** Mam jedenaście lat. To jest mój kot Hugo. On jest mały, biały i ma pięć lat.

Dzień dobry, mam na imię **Hanna.** Mam siedem lat. To jest mój królik Dafne. Ona jest duża, brązowa i ma dwa lata.

	✓	✗
a. mam na imię		
b. trzynaście		
c. mały		
d. chomik		
e. biały		
f. on jest		

g. good morning		
h. I am 7 years old		
i. my hamster		
j. she is big		
k. brown		
l. she is 3 years old		

B. Find the Polish in the texts above

a. My name is ____

b. I am seven years old ___________________________________

c. He is small ____

d. This is my rabbit _____________________________________

e. She is two years old ___________________________________

5. Language Detective

- Mam na imię **Leon.** Mam dwanaście lat. To jest moja mama Ula. Ona ma pięćdziesiąt lat. To jest mój pies. On ma na imię Rex i jest duży i brązowy.

- Mam na imię **Laura.** Mam trzynaście lat. To jest moja szara mysz. Ona ma na imię Rocky. To jest mój biały chomik Leon. On jest mały.

- Cześć, mam na imię **Aleks.** Mam sześć lat. To jest moja zielona papuga Ari. To nie jest mój żółw.

- Dzień dobry, mam na imię **Alicja.** Mam jedenaście lat. To jest mój mały pingwin Edi. To nie jest moja niebieska rybka.

A. Find someone who...

a. ...is 12 years old

b. ...has a green parrot

c. ...has a grey mouse

d. ...has a penguin

e. ...has a small pet

f. ...is 6 years old

g. ...has a hamster

h. ...is 11 years old

B. Put a cross in the box and underline the corresponding Polish translation. One is odd.

My name is	a yellow bird	green parrot
small penguin	good morning	I am 13 years old
she is 50 years old	white hamster	This is my mum
my blue fish	he is small	this isn't

Unit 6. I can say what pets I have: WRITING

1. Spelling ✏

a. t__ j__ __ __   *this is*

b. k__ __   *a cat*

c. k__ __   *a horse*

d. b__ __ __ __ __ __y p__ __ __   *a brown dog*

e. ż__ __ __ a p__ __ __ __ a   *a yellow parrot*

f. d__ __ __ ż__ __ __   *a big tortoise*

g. z__ __ __ __ __ __   *a pet*

2. Gapped translation

a. Mam siedem lat.   *I am _____________ years old.*

b. To jest mój czarny kot.   *This is _______________ cat.*

c. To nie jest duży pająk.   *This is not a _______________.*

d. To jest mój brązowy koń.   *This __________ brown ______.*

e. Moja owca ma na imię Lola.   *My _________________ Lola.*

f. Twój pies jest biały.   *______ dog _______________.*

g. Co to jest?   *__________________ this?*

h. Moja rybka jest niebieska.   *My ________ is ___________.*

i. To jest duża, czarna świnka morksa.   *This is a _________________.*

3. Rock Climbing

Starting from the bottom, pick one chunk from each row to translate the sentences in the grid below

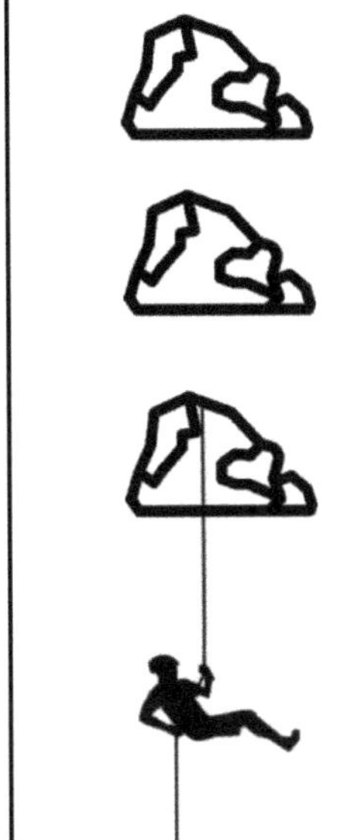

zielony.	kot.	Azor.	pająk.	pingwin.
szary	jest	brązowy	ma na imię	czarny
jest	pies	mały	duży	żółw
Mój mały	To jest	To nie	Twój	To jest
a.	**b.**	**c.**	**d.**	**e.**

a.	*My small dog's name is Azor.*
b.	*This is a big brown spider.*
c.	*This is not a black cat.*
d.	*Your tortoise is green.*
e.	*This is a small grey penguin.*

4. Mosaic translation

Use the words in the grid to help you translate
the sentences below

a.	To	to	Fiona	twoje	żółw.
b.	Czy	ma na imię	mój	czarny i	zwierzę?
c.	Moja owca	pies jest	mały	i ona jest	brązowy.
d.	Mój	nie jest	duży	zielony	pingwin.
e.	To	jest	jest	biały	biała.

a. *This is a small white penguin.*

____

b. *Is this your pet?*

____

c. *My sheep's name is Fiona and she is white.*

____

d. *My dog is big, black and brown.*

____

e. *This is not my green tortoise.*

____

5. Sentence Puzzle
Put the words in the correct order

a. jest pies. mój To brązowy ________________________________

b. to jest zwierzę? Czy twoje ________________________________

c. jest żółta moja nie papuga. To ________________________________

d. biały To mały kot. jest mój ________________________________

e. mała kura. To jest brązowa twoja ________________________________

f. niebieska To mała nie jest rybka. ________________________________

g. biała To duża jest świnka morska. ________________________________

h. nie To zwierzę. moje jest ________________________________

6. Tangled Translation

a. Write the Polish words in English to complete the translation.

Hello, **mam na imię** Leo. I am **siedem lat**. **To jest mój** white dog. **Ona ma na imię** Lily. **To jest** big **pies**.

b. Write the English words in Polish to complete the translation.

Hello, mam na imię Karol. **I am** dziewięć **years old**. **This is a blue fish**. On ma na name Nemo. To jest **small fish**.

7. Fill in the Gaps

a. Cześć, mam na ___________ Daniel i mam _____________ lat. To jest ___________ szary ________. On ma na ___________ Zar.

mój	imię	dziesięć	koń	imię

b. __________, mam na imię Artur. Mam _______________ lat. To jest mój ____________ pies. On ________ na imię Reks. To jest ___________ pies.

ma	duży	brązowy	cześć	jedenaście

8. Guided Translation

a. M______ n___ i______ G________ i m_____ j_______________ l____.
My name is Gabriel and I am 11 years old.

b. T__ j_____ m____ c_______. O_____ m__ t_________ sz_____ l__.
This is my aunt. She is 36 years old.

c. T__ n___ j_____ t______ p_________.
This is not your parrot.

d. T_____ j______ m___ b__________ p_________.
This is my brown dog.

e. T__ j___ m_____ ż______. O__ m___ n__ i________ L____.
This is my tortoise. His name is Lu.

f. T__ n___ j_____ t____ ś________ m_________.
This is not your guinea pig.

9. Pyramid Translation

Starting from the top, translate chunks into Polish. Write the sentences in the box below.

a.
This is

b. This is my cat.

c. This is my cat. Her name is Dory.

d. This is my cat. Her name is Dory. She is small

e. This is my cat. Her name is Dory. She is small and white.

a.	
b.	
c.	
d.	
e.	

No Snakes No Ladders

START

1 — To jest mój kot.

2 — Ona ma trzydzieści pięć lat.

3 — Cześć, jak się masz?

4 — Jak masz na imię?

5 — To jest mój czerwony ołówek.

6 — To nie jest twój pies.

7 — Ile masz lat?

8 — Mój plecak jest mały.

9 — To jest moja biała gumka.

10 — Moja siostra ma dziesięć lat.

11 — Mam dwanaście lat.

12 — Moja mama ma trzydzieści dziewięć lat.

13 — To jest niebieska rybka.

14 — To jest moja czarna teczka.

15 — Czy to jest twoje zwierzę?

16 — Przepraszam czy to jest twój długopis?

17 — To nie jest twoja papuga.

18 — To jest mój wujek.

19 — Moja kuzynka Ola ma szesnaście lat.

20 — To nie jest moje biurko.

21 — Czy to jest twoja temperówka?

22 — Mam dziewięć lat.

23 — Dziękuję.

24 — To jest czarny pingwin.

25 — Dzień dobry, jak się masz?

26 — To jest mój zielony żółw.

27 — To jest twoja brązowa owca.

28 — Mam piętnaście lat.

29 — Mój tata ma czterdzieści dwa lata.

30 — To nie jest twój biały koń.

FINISH

No Snakes No Ladders

7 How old are you?	**8** My schoolbag is small.	**23** Thank you	**24** This is a black penguin.
6 This is not your dog.	**9** This is my white rubber.	**22** I am 9 years old	**25** Good morning, how are you?
5 This is my red pencil.	**10** My sister is 10 years old.	**21** Is this your sharpener ?	**26** This is my green tortoise.
4 What is your name?	**11** I am 12 years old.	**20** This is not my desk.	**27** This is your brown sheep.
3 Hello, how are you?	**12** My mum is 39 years old	**19** My cousin Ola is 16years old.	**28** I am 15 years old.
2 She is 35 years old.	**13** This is a blue fish.	**18** This is my uncle.	**29** My dad is 42 years old.
1 This is my cat.	**14** This is my black folder.	**17** This is not your parrot.	**30** This is not your white horse.
START	**15** Is this your pet?	**16** Excuse me, is this your pen?	FINISH

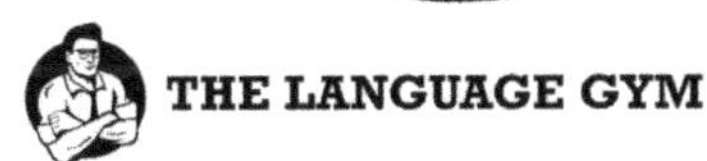

UNIT 6 – I can say what pets I have
LISTENING

1.Listen and complete with the missing vowel
a. pies   b. koń   c. kot   d. rybka   e. żółw   f. owca   g. królik
h. kura   i. pająk   j. papuga   k. mysz   l. chomik

2. Listen and tick the word you hear.
a. 2 (mysz)   b. 3 (moja papuga)   c. 1 (duży koń)   d. 2 (mój pies)   e. 1 (twoja kura)

3. Complete with the missing syllables in the box below
a. czar**ny** pies   b. biała ku**ra**   c. **sza**ry koń   d. niebie**ska** rybka
e. brązowy kró**lik**   f. czarny **pa**jąk   g. czerwo**na** owca   h. żółta pa**pu**ga

4. Complete the words with the missing endings
a. żółty kanare**k**   b. różow**a** owca   c. czerwona papu**ga**   d. czarny ko**t**
e. pomarańczowy żó**łw**   f. biał**y** pie**s**   g. mały pingwi**n**   h. czarn**a** kura
i. zielon**a** rybk**a**   j. biał**a** świnka morska

5. Write the missing word as you hear it.
a. niebieska <u>kaczka</u>   b. żółta <u>papuga</u>   c. różowa <u>rybka</u>   d. czarny <u>pająk</u>   e. biała <u>owca</u>
f. czerwony <u>koń</u>   g. brązowy <u>pies</u>   h. <u>mała</u> mysz   i. duży <u>żółw</u>   j. To jest
<u>mój duży kot</u>.   k. To nie jest <u>twój biały pingwin.</u>

6. Faulty echo
a. To nie jest biały <u>**pingwin.**</u>   b. To jest mała <u>**owca**</u>.
c. To jest niebieska <u>**kaczka**</u>.   d. To nie jest <u>**mały**</u> pies.
e. To jest <u>**żółta**</u> papuga.   f. To nie jest biały <u>**królik**</u>.
g. To jest twój <u>**żółw**</u>.   h. Czy to jest <u>**twoja**</u> rybka?
i. To nie jest moja <u>**żółta**</u> kura.   j. To jest czarny <u>**pająk**</u>.

7. Fill in the grid with the correct information in English
a. white rabbit   b. pink parrot   c. purple fish   d. brown hamster
e. blue cat   f. grey mouse

8. Catch it, swap it
a. To nie jest duży, <u>szary</u> koń. (**czarny**)   b. To jest mała, żółta <u>kura</u>. (**kaczka**)
c. To jest <u>biały</u> królik. (**szary**)   d. To nie jest niebieska <u>rybka</u>. (**papuga**)
e. Czy to jest twoje zwierzę? Tak, to jest mój <u>kot</u>. (**chomik**)
f. To nie jest czarny <u>pingwin</u>. (**pies**)   g. To jest moja mała <u>papuga</u> Bella. (**kaczka**)

9. Listening slalom
a. To nie jest biały królik. - This isn't a white rabbit.   b. To jest niebieska rybka. - This is a blue fish.
c. To nie jest żółta mysz. - This isn't a yellow mouse.   d. To jest brązowy pies. - This is a brown dog.
e. To nie jest różowy koń. - This isn't a pink horse.   f. To jest szary żółw. - This is a grey tortoise.

READING

1. Read, match and colour.
a. blue cat   b. pink parrot   c. red duck   d. grey sheep   e. green spider
f. orange hen   g. yellow canary   h. purple horse   i. black mouse   j. brown tortoise

2. Sylla-bees
a. To jest duży, biały pies.   b. To nie jest różowa papuga.   c. To jest brązowy królik.

3. True or false
a. true   b. false (horse)   c. true   d. false (6 years old)   e. false (8 years old)
f. false (black)   g. false (Lucy)   h. true

4. Tick or cross
A. a. mam na imię ✓   b. trzynaście X   c. mały ✓   d. chomik X   e. biały ✓
f. on jest ✓   g. good morning ✓   h. I am 7 years old ✓   i. my hamster X
j. she is big ✓   k. brown ✓   l. she is 3 years old X

B. a. Mam na imię   b. Mam siedem lat   c. On jest mały   d. To jest mój królik
e. Ona ma dwa lata.

5. Language detective
A. a. Leon   b. Aleks   c. Laura   d. Alicja   e. Laura, Alicja   f. Aleks
g. Laura   h. Alicja
B. a yellow bird

WRITING

1. Spelling
a. To jest   b. kot   c. koń   d. brązowy pies   e. żółta papuga   f. duży żółw
g. zwierzę

2. Gapped transation
a. I am <u>7</u> years old.   b. This is <u>my black</u> cat.   c. This is not a <u>big spider.</u>
d. <u>This is my</u> brown <u>horse.</u>   e. My sheep <u>is called</u> Lola.   f. <u>Your</u> dog <u>is white.</u>
g. <u>What is</u> this?   h. My <u>fish</u> is <u>blue.</u>   i. This is a <u>big black guinea pig.</u>

3. Rock climbing
a. Mój mały pies ma na imię Azor.   b. To jest duży brązowy pająk.   c. To nie jest czarny kot.
d. Twój żółw jest zielony.   e. To jest mały szary pingwin.

4. Mosaic translation
a. To jest mały biały pingwin.   b. Czy to jest twoje zwierzę?   c. Moja owca ma na imię
Fiona i ona jest biała.   d. Mój pies jest duży, czarny i brązowy.   e. To nie jest mój zielony żółw.

5. Sentence puzzle
a. To jest mój brązowy pies.   b. Czy to jest twoje zwierzę?   c. To nie jest moja żółta papuga.
d. To jest mój mały biały kot.   e. To jest twoja mała brązowa kura.   f. To nie jest mała niebieska
rybka.   g. To jest duża biała świnka morska.   h. To nie jest moje zwierzę.
i. To jest twój duży czarny kot.

6. Tangled translation

a. Hello. **my name is** Leo. I am seven years old. **This is my** white dog. **Her name is** Lily. **This is** a big **dog.**

b. **Cześć**, mam na imię Karol. **Mam** dziewięć **lat. To jest niebieska rybka**. On ma na imię Nemo. To jest **mała rybka.**

7. Fill in the gaps

a. Cześć, mam na **imię** Daniel i mam **dziesięć** lat. To jest **mój** szary **koń**. On ma na **imię** Zar.

b. **Cześć**, mam na imię Artur. Mam **jedenaście** lat. To jest mój **brązowy** pies. On **ma** na imię Reks. To jest **duży** pies.

8. Guided translation

a. Mam na imię Gabriel i mam jedenaście lat.

b. To jest moja ciocia. Ona ma trzydzieści sześć lat.

c. To nie jest twoja papuga.

d. To jest mój brązowy pies.

e. To jest mój żółw. On ma na imię Lu.

f. To nie jest twoja świnka morska.

9. Pyramid translation

To jest mój kot. Ona ma na imię Dory. Ona jest mała i biała.